Franz Hohler
ZUR MÜNDUNG

Franz Hohler

Zur Mündung

37 Geschichten
von Leben und Tod

Luchterhand

2 3 4 5 02 01 00

© 2000 Luchterhand Literaturverlag GmbH, München
Satz: Fotosatz Reinhard Amann, Aichstetten
Druck und Bindung: Pustet, Regensburg
Alle Rechte vorbehalten. Printed in Germany
ISBN 3-630-87067-8

ZUR MÜNDUNG

Der Frühling ist da, zu früh eigentlich, aber deshalb heißt er wohl so, ich habe nichts abgemacht heute, und nach dem Morgenessen denke ich, wieso breche ich jetzt nicht einfach auf und gehe irgendwohin. Ich ziehe meine neuen Turnschuhe an, nehme meine Jacke vom Haken, setze meine Mütze auf und hinterlasse auf dem Küchentisch einen Zettel mit der Nachricht »Ich gehe der Glatt entlang, bis sie in einen größeren Fluß mündet«.

Wäre ich im Kanton Zürich zur Schule gegangen, wüßte ich wahrscheinlich, ob die Glatt in die Töß oder in den Rhein mündet, aber nun schaue ich auf keiner Karte nach, sondern beschließe, selbst nachschauen zu gehen, wo die Mündung der Glatt liegt.

Ich fahre mit dem Bus am Fernsehen vorbei, das am Leutschenbach liegt, die Haltestelle vor dem Hotel Ambassador heißt Katzenbach, dann wird man durch eine Sakrallandschaft aus marmornen Banktempeln gefahren, die Haltestelle ist wirklich mit »Bank Center« angeschrieben, und nicht etwa mit »Moosbächli« oder »Gibisnüd«, während die nächste gegenüber vom Verwaltungsgebäude der VISA liegt, das aussieht wie ein Stück eines Briefkopfs, ins Dreidimensionale aufgeschachtelt. Sie heißt »Unterriet«, und dort steige ich aus, gehe ein paar Schritte zurück und stehe nun am Ufer des Flusses, den ich bis zu seiner Selbstauflösung begleiten will. Es ist eher ein Flüßlein, dessen Böschungen beidseitig mit Steinbrocken befestigt sind und das auf weite Strecken schnurgerade verläuft, es muß irgendwann entkrümmt, entsumpft, entrietet, berichtigt und beschwichtigt worden sein. Wäre ich hier zur Schule gegangen, wüßte ich wohl auch darüber etwas oder wüßte, daß ich einmal etwas darüber gewußt hätte.

So weiß ich nur, daß ich jetzt diesem Flußlauf folgen will und mache mich auf den Weg.

Es ist Werktag, und fast niemand ist unterwegs, ich gehe durch lauter Grün, Grasgrün, Brennesselgrün, Bärlauchgrün, Buchengrün, Tannennadelgrün, und unter der Wasseroberfläche bewegen sich überall grüne Büschel eines Wasserkrauts, das hier üppig wächst, obwohl das Flüßlein etwas seifig riecht. Einmal mündet ein fast stehender Bach vom Flughafen her in die Glatt, und da sehe ich große Fische schwimmen, es ist also möglich, in diesem Wasser zu leben. Als ich über den Steg gehe, treibt sie mein Schatten zwischen die Wassergrasbüschel. Auch Enten gibt es viele hier, vielleicht brauchen sie nichts anderes zum Leben als diese Wasserpflanze, die ich in Gedanken »Nixenhaar« nenne.

Wilde Kirschbäume blühen, fast nie steht

einer allein, sondern meistens haben sie sich den Schutz einer Birke oder eines Ahorns ausgesucht, und da ich mein Baumbüchlein nicht in die Tasche gesteckt habe, weiß ich nicht, wie der wunderbar blühende Baum heißt, der manchmal auch als Busch auftritt und dessen Blüten ein bißchen denen des Ligusters ähneln. Den Bäumen selbst dürfte es allerdings egal sein, wie sie heißen, sie blühen einfach.

Nicht wegen mir sollten die Enten erschrekken, sondern wegen der Flugzeuge, die so tief über mich hinwegfliegen, als seien sie noch gar nicht zum Überwinden der Schwerkraft entschlossen. Als ich hinter dem Ende der Westpiste durchgehe, sehe ich im Gebüsch keinen einzigen Vogel, aber wenig später wieder Spatzen, Finken, Meisen, Rotschwänzchen, Amseln, Stare, Elstern, Krähen, die ersten Schwalben auch, und dazwischen, oder hoch darüber immer wieder Raubvögel, die großen Geduldigen.

Ein Propellerflugzeug ist ungleich leiser als die Jets, es massiert die Luft geradezu mit seinem Surren. Aber es gibt kein Entrinnen vor dem Lärm. Immer wieder drängt sich die Überlandstraße in die Nähe des Flüßleins, überquert es einmal sogar auf einer enormen Brücke, Lieferwagen, Lastwagen, Zisternenwagen, Sattelschlepper ziehen als Karawane des Bruttosozialprodukts durch das Land, und wenn sie einen

Radfahrer vor sich hertreiben, können sie ihn nicht überholen, solange auf der andern Spur andere Karawanen entgegenkommen, und es kommen fast immer welche entgegen, obwohl ein Teil der Waren, die es zu befördern gilt, in den unendlich langen Güterzügen stecken muß, die auf den nahen Geleisen der Linie Zürich-Schaffhausen daherrattern. Zu meinem Erstaunen sind zudem aus den Wohnsiedlungen bereits erste Rasenmäher zu hören. Derweil versinken hinter den Hecken auf der Hügelkuppe zur rechten viel zu große Flugzeuge gravitätisch und gedämpft, um sich gleich darauf aus dem Unsichtbaren mit dem gewaltigen Brüllen ihrer Schubumkehr zurückzumelden.

Ununterbrochen wird der Stille Gewalt angetan.

In Niederglatt esse ich im Restaurant Bahnhof den indonesischen Tagesteller, Java-Rindfleisch mit Nasi Goreng, und lese nachher im Neuen Bülacher Tagblatt einen Brandartikel gegen die rot-grüne Stadtregierung Zürichs, aber nicht lange, denn ich will meine Expedition zur Mündung der Glatt fortsetzen.

Am Nachmittag belebt sich der Uferweg, es sind nun Frauen mit Hunden und ältere Paare unterwegs, immer mehr bunt gekleidete Menschen mit Helmen fahren auf ihren Velos sirrend flußauf- oder -abwärts; wenn sie sich während des Fahrens miteinander unterhalten, bewegt sich ihre Sprache überraschend schnell auf mich zu und an mir vorbei. Bei den Entgegenkommenden frage ich mich, ob sie die Mündung der Glatt schon gesehen haben und nun vielleicht auf der Fahrt zur Quelle sind. Ab und zu mischt sich auch ein Rollschuhfahrer mit langen Gleitschritten unter die Radelnden.

Die Wegweiser beginnen nun Glattfelden anzukündigen, natürlich, denke ich, natürlich fließt durch Glattfelden die Glatt, und dahinter liegt, das weiß ich dann wieder, die Bahnstation Eglisau, aber ich kann mich einfach nicht erinnern, irgendwo einmal die Mündung der Glatt gesehen zu haben, in den 34 Jahren, die ich schon im Kanton Zürich wohne. Die Knie beginnen mich ein bißchen zu schmerzen, ich bin schon lang nicht mehr so weit zu Fuß gegangen, aber es steht für mich außer Zweifel, daß ich so lange diesem Wasser folge, bis es sich in den Rhein ergießt, denn dies ist mir inzwischen klar geworden, daß die Hügelzüge der Glatt keine Chance lassen, sich noch mit der Töß zusammenzutun. Die Gletscher in der letzten Eiszeit haben anders entschieden.

Vor Glattfelden stößt der Gottfried-Keller-Dichterweg zum Glattuferweg, und auf einer Tafel ist das Gedicht »Am Wasser« zu lesen, in dem mir das Wort »Weltenangesicht« besonders gefällt. Dieses glaubt der Dichter zu sehen, wenn er in die Wellen schaut, in denen sich der Himmel bricht. Gottfried Keller verbrachte als Kind jeweils den Sommer bei seiner Großmutter in Glattfelden, wer die Umgebung gut kennt, kann sie, glaube ich, im »Grünen Heinrich« wieder erkennen.

Immer wieder trifft man auf Zahlenreihen, die mitten in der Landschaft stehen und denen man an Sonntagen besser ausweicht, denn dann wird auf die Zahlen geschossen. Nach dem Dorf, das ich rechts hinter mir lasse, steigt meine Spannung, das Tal verengt sich wieder, das Flüßlein muß hier vor Jahrtausenden, als es noch ein Fluß war, gewaltig gearbeitet haben, um sich durchzufressen, durchzugurgeln, durchzustrudeln zum Vater Rhein hinüber, und auf einmal stehe ich neben einem Tunnel, oder ich wäre fast daran vorbeigegangen, denn Büsche am Wegrand verdecken die Sicht darauf, aber nun stehe ich und schaue darauf hinunter, mache sogar eine kleine Farbskizze in meinem Büchlein, das ich bei mir habe, und versuche nachzuzeichnen, wie das Wasser in einem dunklen Tor verschwindet, über welches Efeu-Girlanden fast bis zur Wasseroberfläche hinabhängen. Das Wasser zeichne ich blau, aus Verlegenheit, denn ich könnte nicht sagen, welche Farbe es wirklich hat, schwarz, grün oder braun, keiner meiner Farbstifte kann ein ernsthaftes Angebot machen. Kleine Gehsteige führen in den Tunnel hinein, sie wären über eine grün gestrichene Leiter neben dem Portal zu erreichen, doch ich wage nicht hinabzusteigen, und ich weiß nicht, was ich auf der andern Seite des Tunnels erwarten soll.

Ein paar Schritte hügelaufwärts, über die Aufschüttung, die wohl für den Tunnel gemacht wurde, und ich sehe es.

Die Wasser der Glatt ergießen sich nicht in den Rhein, sondern sie werden direkt in das Flußkraftwerk Rheinsfelden geleitet, oder vielleicht, das sehe ich von oben nicht genau, vielleicht noch in das Staubecken der vordersten Schleuse.

Ich bin enttäuscht. Die Mündung wurde annulliert. Es gibt keine Vereinigung des Flusses mit dem Strom, sondern nur eine Ankunft, die Glatt wird vom Rhein nicht empfangen und mitgerissen, sondern sie wird abgefertigt, runter durch die Röhren in die Turbinen, und dann unterhalb des Kraftwerks zur Weiterreise nach Holland entlassen.

Nach einer Weile gehe ich über den Fußgängersteg des Kraftwerks ans andere Ufer hinüber, setze meinen Fuß auf deutschen Boden, meine Turnschuhe melden keinen Unterschied, und gehe wieder zurück, auf die Schweizer Seite, wo das fensterreiche Kraftwerkschloß steht, rötlich und unwiderlegbar, eine Sommerresidenz für Königin Elektra, mit einem rätselhaft großen Tor, von dem Schienen zu einem Vorplatz hinunterführen und das wohl nur bei den großen Sommerfestspielen geöffnet wird, um im letzten Akt das Schiff langsam auf den Platz und von dort auf den Rhein hinunterzulassen, das Schiff, in dem sie alle stehen, die Königin, der König, der Prinz, die Prinzessin, umgeben von der Sehnsucht, der Langeweile, dem Heimweh, der Jungfrau, dem Kind, dem Greis, den Nixen mit ihren grünen Haaren, dem Flußgott, dem Mönch, dem Tod und dem Narr, und dann treiben sie langsam stromabwärts, mit einem Gesang, der nur einmal im Leben ertönt, die Wehmut spielt Trompete dazu, und sie werden in unsern Augen immer kleiner und in unserm Herz immer größer.

Ich schaue dem Sommerfestspielkahn nach, bis er im Glitzern des Flusses verschwunden ist, und gehe dann mit schmerzenden Knien zur Bahnstation Zweidlen, an der kein Zug mehr hält, sondern von wo man mit einem Postauto zum Bahnhof Glattfelden gebracht wird.

DER STERBENDE

Zum Entsetzen seiner Frau hat er in der kurzen Zeit, als ich an der Haustüre klingelte, eintrat, sie begrüßte und meinen Mantel auszog, sein Bett verlassen, ist ans Fenster getreten und will es öffnen. Sie bittet ihn, wieder ins Bett zu gehen, er läßt sich sofort überzeugen, und ich helfe ihr, ihn hinzulegen. Ganz leicht ist er geworden, der 88-jährige, und als er wieder daliegt, wie man das von einem Sterbenden erwartet und sogar seine kalten Hände über dem Leintuch gefaltet hat, erklärt er mir, warum er aufgestanden sei. Man müsse, sagt er, unbedingt zum Fenster hinausrufen: »Vivent les boules rouges – toutes allumées!« Ob ich das für ihn tun solle, frage ich ihn, und als er nickt, öffne ich das Fenster und rufe mit lauter Stimme in den Garten: »Vivent les boules rouges – toutes allumées!« Draußen herrscht, von seiner Frau und mir bisher unbemerkt, ein großer Betrieb. Auf dem Kanal führen jetzt, sagt der Sterbende, kräftige Burschen »mit ihrne Weidlig« hin und her, mit großen Booten also, die sie mit Stehrudern und Stangen bewegen. Es seien auch drei starke Männer dabei, einer davon sei der Schnetzelmann.

Ich habe einen großen sommerlichen Blumenstrauß mitgebracht. Als ich mit seiner Frau zusammen eine Vase ausgesucht habe, stelle ich den Strauß so in sein Zimmer, daß er ihn vom Bett aus sieht. Er läßt sich das Kopfende höher stellen und sagt dann, nun müsse man kontrollieren, ob es noch weitere solcher Sträuße gebe. Das sei der einzige, sagt seine Frau, und ob er wisse, wie die großen gelben Blumen darin heißen. Er überlegt lange, wie er die Sonnenblumen nennen soll und entscheidet sich dann für den Namen Roßblumen.

Morgen möchte er übrigens, sagt er, wieder seine Kleider anziehen. »Morgen ist Sonntag«, entgegnet seine Frau, »und morgen machen wir gar nichts.« Aha, Sonntag, sagt er und gibt dann bekannt, er möchte in die St.Ursenkirche, wir sollen ihm seine Kleider bereit machen, und dann könne ihn ja sein Sohn abholen. Solothurn sei eine Stadt mit sehr viel Wasser, fügt er hinzu, und ob ich das Wasser vor dem Fenster sehe. Solothurn, antworte ich, habe einen wunderbaren Fluß, die Aare, aber den Zürichsee sehe ich nicht direkt vor dem Fenster, der käme erst etwas weiter hinten. Soviel Wasser ringsum, und er ist am Vertrocknen, er trinkt zu wenig, und nicht einmal durch den Infusionsschlauch nimmt sein alter Körper genügend Flüssigkeit auf.

Unvermittelt fragt mich der Sterbende, ob morgen ein besonderer Sonntag sei. Ich überlege einen Moment und sage dann, morgen sei eine Abstimmung. So, eine Abstimmung. Er atmet tief auf und sagt, dann hoffe er, daß wir eine gute neue Verfassung bekämen. Das hoffe ich auch, sage ich, und ich werde auf alle Fälle für die neue Verfassung stimmen.

Dann gehe es vielleicht heute Nacht um zehn Uhr los mit dieser Stimmerei, sagt er, er werde uns jetzt entlassen und werde sich etwas bequemer fouragieren. Das muß ein Militärwort sein, während ich mir zu den Appliquen, die er an der kahlen Decke sieht, gar nichts mehr vorstellen kann. Beim Blick auf die Streifen der Tapeten sagt er, da seien ja lauter Stimmbänder, ob ich die mitgebracht habe. Nein, sage ich, die seien schon dagewesen, und als ich ihm zum Abschied die Hand reiche, danke ich ihm für seine Tochter, denn sie ist meine Frau. Da müsse ich, sagt er lächelnd, auch seinem Vater danken, ohne den wäre er nicht hier, und auf einmal werden seine Augen feucht, und er dankt mir, daß ich seine Tochter geheiratet habe, denn wir zwei gäben ein gutes Paar ab. Ich wünsche ihm gute Ruhe und gehe hinaus, und als ich später das Haus verlasse, passe ich auf, daß ich nicht in den Kanal falle, über welchen die kräftigen Fährleute ihre Gäste zum großen Fest bringen, für das schon alle roten Lampen leuchten, zu Ehren der neuen Verfassung.

DER BASSIST

Es kommt vor, daß an einem Fest mit geladenen Gästen auch ein ungeladener Gast auftaucht, und von einem solchen Fest möchte ich erzählen.

Eine Frau, Buchhalterin auf einem städtischen Amt, feierte zusammen mit ihrem Lebensgefährten ihren fünfzigsten Geburtstag. Die beiden hatten für das Fest eine kleine Wirtschaft gemietet, in der sie mit ihren etwa vierzig Gästen zu Mittag aßen. Da das Lokal keine großen Räume hatte, war es an diesem Sonntag für andere Gäste geschlossen, und die Haupttüre war verriegelt.

Die Frau war lange Jahre mit einem Mann verheiratet gewesen, der neben seinem Beruf ein bekannter und beliebter Kontrabaßspieler gewesen war und eines Morgens ohne irgendeine Vorwarnung tot in seinem Bett lag. Für ihr Fest hatte die Frau einen ehemaligen Kollegen und Freund ihres Mannes gebeten, zwischen den Gängen und nach dem Essen Musik zu machen. Er war Geiger und kam zusammen mit einem Gitarristen, und die beiden spielten und sangen Stücke aus ihrem großen Repertoire von Folklore, Blues und Jazz.

Auf einmal stand ein hagerer alter Mann mit

einer unglaublichen Adlernase, einem fliehenden Kinn und schulterlangen strähnigen Haaren unter den Gästen, der, wohl durch die Musik angezogen, die man bis auf die Straße hörte, die Gaststube durch den Hintereingang betreten haben mußte. Von der Wirtin darauf aufmerksam gemacht, daß es sich um eine geschlossene Gesellschaft handelte, verstand er es trotzdem, so lange stehen zu bleiben, bis er ein Glas Wein bekam, das er auch bezahlte. Von einem der Gäste in ein Gespräch gezogen, blieb er noch etwas länger und setzte sich auf einmal neben die Frau, deren Geburtstag gefeiert wurde. Sie wiederholte nicht unfreundlich, was die Wirtin schon gesagt hatte, und wandte sich deutlich von ihm ab. Währenddessen spielten die zwei Musiker »Bella ciao« und »Bei mir bist du scheen«, und auf einmal stand der Hagere auf und verließ den Saal.

Die Frau atmete auf, die Störung schien beendet. Sie erbleichte, als der Adlernasige, Fliehkinnige, Langsträhnige wenig später die Wirtschaft wieder betrat und scherzhaft stolpernd beinahe seinen Kontrabaß fallen ließ, den er bei sich trug.

Die zwei Musiker, beides umgängliche Menschen, wußten nicht, wie sie sich verhalten sollten, denn niemand hatte den Ungeladenen gebeten, auch noch sein Instrument mitzubringen, und beide haßten nichts so sehr wie Dilettantismus.

Die Frau ergriff einen Moment die Hand einer Freundin und blickte, den Tränen nahe, vor sich auf das Tischtuch. Der Geiger und Sänger versuchte zuerst mit grimmigem Gesicht, den Hinzugekommenen nicht zu beachten. Der stellte sich aber in aller Ruhe hinter den beiden auf, spannte seinen Bogen und wartete, bis die Musikanten mit dem nächsten Stück anfingen.

Zu ihrer Verwunderung und zur Verblüffung der ganzen kleinen Festgemeinde spielte er so locker und selbstverständlich mit, als wäre er schon immer der dritte Mann gewesen. Viele Gesichter wandten sich allerdings zuerst der Gefeierten zu, da allen klar war, daß sie der Musiker schmerzhaft an ihren verstorbenen Mann erinnern mußte.

Als sie sahen, wie sie sich angesichts der Kunst des Bassisten langsam entspannte und den neuen Klang genießen konnte, ja sogar sagte, ein Baß gebe der Musik erst einen Boden, war der Bann gebrochen, und die Begeisterung für den überraschenden Gast wuchs.

Dieser strich abwechselnd mit dem Bogen, zupfte mit den Fingern oder schlug manchmal auch kleine rhythmische Figuren mit den Händen auf seinen Kontrabaß, und erst jetzt merkten alle, wie sehr dieser Musik ein Baß gefehlt hatte.

Wie der ungeladene Gast den Weg hierher gefunden hatte, blieb ein Rätsel, er gab nur ausweichend Auskunft, und niemand kannte ihn, weder von den Gästen noch von den Wirtsleuten. Der Geiger, schon dreißig Jahre in der Musikszene, konnte nicht begreifen, warum er ihm noch nie begegnet war, denn er war offensichtlich ein außergewöhnlicher Könner, der von sich sagte, er sei 75 Jahre alt.

Noch lange sprachen die Gäste, wenn sie später auf dieses Fest zu reden kamen, von nichts anderem als von diesem Bassisten, den später nie wieder jemand antraf, und die Frau fragte sich, was ihn wohl an diesem Sonntagnachmittag in diese kleine Wirtschaft in einem Vorortsviertel gezogen haben mochte, und sie fand keine andere Erklärung, als daß ihr verstorbener Mann sich dadurch in Erinnerung rufen wollte, daß er ihr und der Festgemeinde den fehlenden Baßgeiger schickte.

Der nackte Mann

Der Vorplatz des Doms zu Köln ist mehr als ein Vorplatz, er ist ein Schauplatz. Die vom Bahnhof herbeiströmenden Reisegruppen, die hier zum Stillstand kommen, sehen sich konfrontiert mit exotischen Musikgruppen, mit blockflötenden Bettlern, mit auf dem Boden knienden Straßenmalern, die ihr Glück mit einem Portrait Goethes oder der Mona Lisa versuchen, mit einer sogenannten Klagemauer auch, einem Gerüst, an welchem Beschwerdebriefe über die Welt aufgehängt werden können. Zeugen Jehovas mischen sich mit als Nonnen verkleideten Jungen, die rollschuhfahrend für ein Musical werben, neben dem Stand der grauen Panther oder der Atomkraftgegner wirbelt ein schwarzer Liliputaner seine Jonglierkeulen durch die Luft, Blasmusikgruppen aus Litauen oder St.Petersburg schmettern einem ihre Potpourris entgegen, Zigeunerfrauen sitzen an den Mauern und stillen demonstrativ ihre Säuglinge, Obdachlose versuchen ihre Zeitung zu verkaufen, wer also vom Bahnhof her über die Treppen zwischen den biertrinkenden Punks mit ihren jungen, struppigen Hunden hindurch zu diesem gewaltigen Bauwerk hinübergeht, betritt eine Art Bühne, und auf dieser Bühne wurde neulich die folgende Szene gespielt.

An einem Vormittag, noch bevor sich der Klüngel aus Gauklern, Straßenkünstlern und Überzeugern einfand und sich gerade ein paar Schulreisen und Besichtigungsgruppen vor dem Hauptportal versammelt hatten, trat ein nackter Mann auf. Ich hatte ihn nicht kommen sehen, ich wußte nicht, woher er kam, er hatte ein Bäuchlein und angegraute lange Haare und trug eine Plastiktasche von einer Seite des Platzes zur andern. Sein Gang elektrisierte die Gruppen, alle Köpfe, die schon zur Litanei eines Reiseführers nach oben zu den Türmen starrten, wandten sich dem Mann zu, Schulklassen brachen in Kichern und Kreischen aus, Kinder und Jugendliche stießen sich mit den Ellbogen an, Geschäftsleute blieben mit ihren Aktenkoffern stehen und blickten ratlos oder kopfschüttelnd auf diesen Mann, die Bewegung des ganzen Platzes erstarrte zugunsten des Ganges dieses einen nackten Mannes, der sich nun bewußt wurde, wieviel Aufmerksamkeit er auf sich zog und im Gehen mit einer Grazie, die ich seiner dicklichen Figur nicht zugetraut hätte, einen Knicks zur Menge machte, ihr lächelnd zuwinkte und dann auf der andern Seite des Platzes in der Hohen Straße verschwand.

Und als sich die Gruppen langsam von dieser Szene erholten und sich wieder dem Bauwerk oder sich selber zuwandten, fragte ich mich, weshalb der Dom aus dem Mittelalter, dieses gotische Riesengebirge mit all seinen Steinfiguren, Engeln, Heiligen, Tieren, Türmchen und Rosetten die Menschen weniger zu fesseln vermochte als der Anblick eines nackten Menschen.

GRÜFTE

Eigentlich müßte der Wiener Stephansdom schon längst im Boden versunken sein, denn seine tonnenschwere Steinlast liegt nicht auf massivem Grund, sondern auf einem mehrstöckigen System von Gewölbekellern und -gängen, welche die Erde wie ein Maulwurfsbau durchlöchern. In früheren Jahrhunderten konnte man sich dort unten bestatten lassen, die Särge wurden in ein Gewölbe geschichtet, bis dieses voll war, dann wurde es zugemauert. Wurde der Platz einmal knapp, brach man ein altes Gewölbe auf, nahm die zerfallenen Sargbretter heraus, schichtete die Knochen und Schädel wie eine Holzbeige aufeinander, und es gab wieder Raum für frische Leichname.

Adalbert Stifter hat diese Katakomben vor 150 Jahren herzzermalmend beschrieben, deshalb bin ich heute hier.

Was einst ein Labyrinth des Todes war, ist jetzt für 40 Schillinge zugänglich, Kinder zahlen 30, Eingang hinter dem dritten Altar links, Führungen auf deutsch und englisch, der Führer muß Wörter wie Sarg, Eingeweide und Pest auf englisch zur Verfügung haben, coffin, guts, plague, etwa wenn er die Gruppen zu den Särgen der Habsburger bringt, in denen man sich einbalsamierte Mumien vorstellen muß, und wenn er auf die an Hutschachteln erinnernden Behälter hinweist, in denen die Innereien der habsburgischen Leichen von den Körpern getrennt der Ewigkeit entgegenfaulen.

Ein Pestgrab enthält eine wirre Anhäufung von Skeletten, man hat die Toten in der Eile sarglos hineingeworfen, noch glaube ich etwas von der Panik der Totengräber zu spüren, welche die ansteckenden Leiber so rasch wie möglich loswerden wollten.

Was für ein elender Ort, um begraben zu werden, was heißt begraben, beigesetzt, aufbewahrt, zur ewigen Unruhe verdammt – wie schön muß es dagegen sein, von Mutter Erde sanft umschlossen zu sein oder als Asche in einem Bergtal zu zerstäuben. Wie gut, daß dieser unterirdische Friedhof am Ende des 18. Jahrhunderts geschlossen wurde.

Nicht ganz, allerdings.

Wir kommen zu zwei Grüften mit kupfernen Abteilen in Sarggröße, und hier werden doch tatsächlich die hohen geistlichen Würdenträger Wiens in posthumer Käfighaltung aufbewahrt, die Domherren in der einen, in der anderen die Bischöfe und Kardinäle.

Vor dem Sarg des zuletzt verstorbenen Kardinals steht eine kleine Vase mit roten Rosen und sein Foto, auf dem er freundlich lächelt. Ein an-

deres Abteil ist mit »Kardinal Innitzer« angeschrieben, und weiter oben gibt es noch freie
Plätze, wie der Führer mehrmals täglich scher-
zend bemerkt. Ich bin froh, daß ich weder Bi-
schof noch Domherr bin und steige wieder ans
Tageslicht.

Wenig später schaue ich mir im alten Rathaus
eine Ausstellung über den Widerstand während
der Nazizeit an, auf die ich beim Weiterbum-
meln zufällig gestoßen bin. Eine ganze Wand
voller Fotos von Menschen, häufig jungen, die
von den Nazis ermordet wurden, erfüllt mich mit
Beklemmung, ferner wird mir wieder bewußt
gemacht, daß alle österreichischen Schriftsteller
jener Zeit, die mir etwas bedeuten, von Joseph
Roth über Stefan Zweig bis zu Erich Fried und
Elias Canetti, ihr Land damals verlassen mußten.

Und dann sehe ich auf einmal eine Erklärung
der österreichischen Bischöfe vom März 1938,
kurz vor der geplanten Abstimmung über den
»Anschluß« Österreichs ans Deutsche Reich.
Darin anerkennen sie »freudig, daß die natio-
nalsozialistische Bewegung Hervorragendes ge-
leistet hat und leistet«. Damit noch deutlicher
wird, wie es gemeint ist, steht weiter unten: »Die
Bischöfe begleiten dieses Wirken für die Zukunft mit den besten Segenswünschen und werden auch die Gläubigen in diesem Sinne ermah-
nen.« Und da die Zukunft zunächst einmal aus

der Abstimmung besteht, lesen wir zuletzt: »Am Tage der Volksabstimmung ist es für uns Bischöfe selbstverständliche nationale Pflicht, uns als Deutsche zum Deutschen Reich zu bekennen, und wir erwarten von allen gläubigen Christen, daß sie wissen, was sie ihrem Volke schuldig sind.«

Es folgen die Unterschriften, und zuoberst ist diejenige von Herrn Innitzer, von dem ich jetzt weiß, wo er die Auferstehung erwartet.

Da kann er aber lange warten.

Im Osten

Wo fahre ich hin?

Es ist Nacht, das Neonlicht aus den Zugfenstern huscht über endlosen Schnee.

Manchmal steht ein Haus wie ein Adventskalender im Dunkeln, vier Fenster erleuchtet, oder drei. Der letzte Bahnhof, an dem der Zug hielt, war mit »Pionki Zach« angeschrieben.

Die Altstadt von Lublin ist eine Ansammlung chronisch kranker Häuser, die geheilten heben sich fast unangenehm ab.

Auf einmal steht man auf einem leeren Platz.

Hier war das jüdische Viertel, eine Bronzetafel zeigt einen Plan davon, als handle es sich um eine Römersiedlung. Ich versuche mir zu vergegenwärtigen, daß 1943, das Jahr meiner Geburt, das Jahr des Todes für das jüdische Leben in Lublin war. Über dem Schloß ist der Mond zu sehen. Eiseskälte steigt aus den gefrorenen Straßen.

Wie viele Krähen es hier gibt! Riesig, schwarz, mit grauen Schnäbeln, sitzen sie wie Boten des Frostes auf Bäumen und Dächern. Manche davon kämen, höre ich, aus Sibirien, um hier den Winter zu verbringen. Wovon sie wohl leben? Es gibt in der Stadt einen Russenmarkt, so wie es in Berlin einen Polenmarkt gibt.

In Sieradz wohnen 40 000 Menschen in schnell gebauten Wohnblöcken, der Lehrer hat den Seminarklassen während meines Besuchs Prospekte unserer Hochglanzschweiz verteilt, an den Wänden hängen Fotos vom Vierwaldstättersee im Sommer und vom Langwieser Viadukt im Winter. Ich bin nicht sicher, ob die jungen Menschen glauben, daß es dieses Land gibt. Sie träumen von einem Schüleraustausch, ich sage, ich werde mich dafür einsetzen und werde schon zum Hoffnungsträger.

In Warschau hatte ich plötzlich den Wunsch, den Dichter Andrzej Szczypiorski zu besuchen, dessen Bücher mich beeindrucken. Da er in seinen »Notizen zum Stand der Dinge« öfters von seiner Frau Ewa schreibt, kaufe ich für sie einen Blumenstrauß, nehme für ihn mein neustes Buch mit und lasse mich von einem Taxi an seine Adresse fahren. Ein kleines graues Haus, gegenüber von einem unverbauten Landstück, das im Sommer vielleicht ein Park ist. Auf mein Läuten kläffen zwei Hunde, und eine Frau im Morgenmantel öffnet fragend die Haustüre. In geringem Abstand stehe ich vor dem verschlossenen Gartentor und hebe Buch und Blumen wie Friedensfahnen in die Höhe. Ich kann nicht polnisch, nur ein paar panslawische Brocken. Er komme erst am Freitag wieder, glaube ich zu verstehen. Zu spät für mich. Obwohl ich weiß, daß sie es nicht sein kann, frage ich, ob sie Ewa sei. Heftige Verneinung, so heftig, daß ich frage »smiert?«, womit ich »tot« meine. Sie nickt und fügt bei, »she's gone«. Ich bin traurig, als hätte ich sie gekannt. Für den Dichter schreibe ich etwas ins Buch, der Frau im Morgenmantel reiche ich den Blumenstrauß, und dann gehe ich dorthin, wo sie beim Wort »Bus« hingezeigt hat, an der pompösen Residenz des amerikanischen Botschafters vorbei, die sich unter dem Schutz einer riesigen Flagge unvermittelt aus dem Park erhebt.

Die Züge hier verkehren pünktlich. Ich bin allein im Abteil. Manchmal fahren wir an Güterwagen vorbei, die von orangen Bahnhoflampen angestrahlt werden.

Ich bin kein deutscher Soldat, der an die Ostfront fährt. Heute habe ich im Gespräch mit einer polnischen Studentin betont, ich sei Schweizer, nicht Deutscher, und nachher schämte ich mich sofort über diese Bemerkung. Als ob die Schweiz damals nicht die Juden zurückgeschickt hätte, die vor den Deutschen flüchten mußten. Ob das die Linie von Majdanek nach Auschwitz war? Wo ist »Zagansk«? Hängt auch hier in einem Schulzimmer der Vierwaldstättersee? Auf dem Perron wurden die Sitzbänke von den Betonsockeln entfernt.

Das Buch ist zu Ende gelesen.

Wäre ich Raucher, würde ich mir jetzt wahrscheinlich eine Zigarette anzünden.

In Krakau soll ich abgeholt werden. Ich freue mich auf die Stadt und auf das Hotel. Im Polnischen heißt »Zimmer« dasselbe wie »Frieden«, pokoj.

DER GRIFF IN DEN SCHRANK

Paß auf, wenn du den Kleiderschrank öffnest, um deinen Sonntagsanzug herauszuholen.

Normalerweise hängt er dort am Bügel, in einer Reihe mit deinen andern Jacken und Hosen.

Aber es wird ein Tag kommen, und du kennst ihn nicht im voraus, da werden dir beim Öffnen der Schranktür alte Koffer entgegenpoltern, mit Aufschriften wie »Kind Weißbrod Johanna«, und Schuhe werden herausrutschen, Hunderte von Schuhen, Brillen werden hinterherklirren, zu Tausenden, und zwei schwere Tafeln mit den 10 Geboten werden auf den Boden schlagen und in Stücke brechen.

Ein Wind wird dir entgegenwehen, in dem vergilbte Rechnungen flattern und Listen und Durchschläge voller Namen und Nummern, die sich in deine ganze Wohnung legen werden, und der Wind wird dir von weither, aus der Tiefe deines Kirschbaumschrankes, der ein Erbstück deiner Eltern ist, einen Gesang zutragen, einen Gesang unendlich vieler Stimmen, der dir fremd ist und doch seltsam nah, denn du hast ihn in der Stunde deiner Geburt gehört, und dann beginnt es Haare zu schneien, Menschenhaare, und langsam decken sie die Endmoräne deines Schrankes zu.

Und wenn der Wind sich legt und der Gesang erstirbt, dann stehst du da und merkst, daß dein Kopf zu klein ist und dein Herz um Hilfe ruft.

MEIN HEIMATORT

Um meinen Heimatort zu sehen, muß ich die Augen schließen.

Ich glaube ihn dann in den Bergen zu erkennen, in einem Tal, wo klare Wasser unter den Felsen hervorquellen und in großen Wasserfällen über Abgründe in die Tiefe stürzen. In der Nähe muß ein Gletscher sein, über dem sich weiße Gipfel erheben. Was für ein Rundblick von dort oben! Merkwürdig allerdings, wie nahe an meinem Heimatort das Meer liegt, ich höre seine nie erlahmende Brandung und das Gekeife von Möwen. Fischgeruch weht herüber. Woher aber der Kanonendonner? Und der aufsteigende Rauch? Sollte in meinem Heimatort Krieg sein? Es ist mir, als höre ich Kinder weinen, und ich möchte sie trösten. Nein, eine Täuschung – wenn ich genau hinhorche, höre ich Gelächter, Musik, das Geräusch von Schuhen auf einem Tanzboden. Oder ist es ein Leichenzug, der die Kirche betritt? Ja, so ist es, nicht eine Handorgel spielt, sondern eine Orgel, und als ich mich unter die Trauernden mische, stehe ich in einer kleinen Kirche in den Anden, in der sich Eingeborene leise, aber eindringlich in einer mir fremden Sprache Geschichten erzählen, und wenn ich mich geduldig zu ihnen setze, verstehe ich sie mit einemmal, und zu meinem Erstaunen erzählen sie die Geschichten meiner verstorbenen Vorfahren, die auch die ihren waren, und jedes Leben war voller Mühsal, Arbeit und unerfüllter Träume, aber kein einziges Leben war ohne Hoffnung, Zuversicht und Zärtlichkeit, und es wird gar niemand begraben, sondern es wird das Fest des Lebens gefeiert, und da sitzen sie, meine Vorfahren, unter den Eingeborenen und warten auf mich, in meinem Heimatort im Salzgeruch des Meeres, mitten im Hochland, über dem die Sturmmöwen und Steinadler ihre langen Schreie austauschen.

KLEINE AUFERSTEHUNGEN

Die Toten, wie sie da sind in ihrem Reich, mit nichts anderem beschäftigt als damit, tot zu sein, liegend auf kalten Böden oder sitzend auf steinernen Bänken, und es ist ganz ruhig, sie sind nicht im Gespräch miteinander.

Nur manchmal hebt ein Liegender seinen Kopf oder stützt sich halb auf, und ein Sitzender erhebt sich und schaut in die Ferne, als suche er etwas. Er horcht, als klinge in der Ferne ein Ton, für ihn bestimmt.

In diesem Moment denkt jemand an ihn, in der Welt, die er schon so lange verlassen hat. Oder eine Frage wird gestellt, ihn betreffend, sein Leben, seinen Tod, oder sein Bild wurde aufgeschlagen in einem Fotoalbum, und seiner wurde gedacht. Das sind die einzigen Augenblicke, in denen ein Lächeln die toten Gesichter bewegt.

Und wenn, fern von ihnen, die Seite wieder umgedreht ist und die Frage beantwortet oder abgewehrt, sinken die Körper der Toten in ihre alte Lage zurück, um für Jahre darin zu verharren und zu erstarren.

NOVEMBERMÄNNER

Einen Mann hab ich gesehen heute, einen alten Mann, der blieb vor einem Garten stehen und nahm von einem Ast, der auf die Straße hinausreichte, ein gelbes Ahornblatt, sorgfältig und langsam, als pflücke er eine Blume, behielt es in der Hand und schaute es lange an.

Der zweite Mann, den ich sah, war weniger alt, aber auch schon älter, wie ich vielleicht, und ging zielstrebig über einen Fußgängerstreifen auf einen Schaltkasten zu, der neben einer Ampel stand. An diesem Kasten klebten zwei Plakate für irgendein Rockkonzert. Mit Ingrimm riß er eines nach dem andern ab, entfernte auch das Klebeband, das haften blieb, rollte die Plakate hastig und roh zusammen, stopfte sie in seinen Plastiksack und ging dann entschlossenen Schrittes weiter, dem nächsten Schandmal zu.

Die Zeichnung

Ich habe von einer Kindergärtnerin gehört, hier in der Schweiz, die ihren Kindern sagte, sie sollten auf ihre Pausentäschchen etwas zeichnen, das sie besonders gerne hätten – ein Tier vielleicht, oder eine Blume, schlug sie vor.

Daraufhin erblühten auf den Täschchen viele bunte Blumen, und Katzen, Elefanten und Giraffen begleiteten die Kinder auf ihrem Weg zum Schulhaus. Nur ein Bub aus der Gegend, die man früher Jugoslawien nannte, malte auf sein Täschchen mit schwarzem Filzstift einen Panzer.

Die Kindergärtnerin, entsetzt, verbot ihm, dieses Täschchen nochmals mitzubringen.

Den Fortgang der Geschichte kenne ich nicht.

Was dort noch ist

Und während wir hier wieder von den Geschichten hören, die vor fünfzig und sechzig
Jahren bei uns und an unsern Grenzen und
außerhalb davon passiert sind, sitzen dort Menschen, denen diese Geschichten soeben passiert
sind, und es ist fast nicht möglich, ein längeres
Gespräch an diesen Geschichten vorbeizusteu-
ern, denn es muß erzählt werden, wie die Menschen vor Hunger halluzinierten, wie sie durch
die feindlichen Linien aus der umzingelten Stadt
schlichen, um auf endlosen winterlichen Fuß-
märschen irgendwohin zu gelangen, wo man etwas Eßbares auftreiben konnte, wie die Frauen
nachts am Fluß waschen mußten, auch im Winter, um keine Zielscheibe abzugeben, wie der
Vater einen Tag vor dem elften Geburtstag des
Buben an die Front ging und nicht mehr zurück-
kam, und wie der Bub nie mehr Geburtstag fei-
ern will seither, und wie die Menschen selbst an
einfachen Verletzungen starben, weil bei Beginn
der Blockade kein Chirurg in der Stadt war, und
wie später, als die Chirurgen kamen, fast keine
Anästhesiemittel mit ihnen kamen, und wie sie
den Menschen ihre zerschossenen Glieder ohne
Narkose amputieren mußten, und wie nach und
nach die Leute vor Hunger starben, und wie nie-

mand begriff, daß so etwas geschehen konnte, und wie es heute noch niemand begreift, und wenn man jetzt seine Gäste wieder zu einem gebratenen Lamm am Ufer der Drina einladen und mit ihnen essen und trinken und Fußball spielen kann, während in den Büschen die Nachtigallen singen, dann müssen alle, Einladende und Eingeladene, einfach daran glauben, daß das wahr ist, denn überall warnen Plakate vor Minen, und in den Gärten sitzen die Witwen und hüten mit verlorenem Blick ihre Hühner.

Später Gast

Die zwei Betreuer und die Betreuerin der Obdachlosenunterkunft erschraken. Es war elf Uhr, und gerade wollten sie die Türe schließen, als vor dem Eingang ein Mann in einem furchtbaren Zustand erschien. Er trug einen offenen Militärmantel, der an verschiedenen Stellen zerrissen war, und darunter nichts als eine Unterhose. Am einen Fuß hatte er eine Sandale, die mit Schnüren zusammen gebunden war, der andere Fuß war in ein schmutziges Tuch voller Blutflecken eingewickelt. Das linke Auge bedeckte ein alter Verband, das rechte war blau geschwollen. Er ging an einem Stock und hatte kein Gepäck bei sich.

Er sei froh, hier unterzukommen, sagte er, als ihm die Frau und der Mann die Treppe hochhalfen, er sei auf einer langen Wanderung.

»Und wie ist Ihr Name?« fragte der Mann mit dem Formular.

»Frieden.«

»Und der Vorname?«

»Der.«

HERBST

Es ist Herbst.

Die Leute stellen Quitten in ihre Zimmer, damit es besser riecht.

Sie bauen an ihren zerstörten Häusern.

Vieles ist wieder in Ordnung.

In manchen Fensterrahmen sind wieder Fenster.

Aber die Seelen sind erst mit dünnem Plastik abgedeckt.

Ein Gewitter geht über die Stadt nieder, und als ein unglaublich heller Blitz unmittelbar von einem unglaublich mächtigen Donner gefolgt wird, der mehrfach von den Abhängen des Talkessels widerhallt, stürzt eine Frau ans Fenster und ruft: »Geht es wieder los?«

In der Nacht zuvor bin ich von einer Explosion erwacht.

Drei Straßen weiter ging vor der katholischen Schule eine Zeitbombe los, war am nächsten Tag zu hören.

Niemand weiß, wer solche Bomben legt. Eine neue Dramaturgie, sagt ein Filmemacher.

Mehrere hundert Frauen von Srebrenica ziehen mit Transparenten durch die Stadt, um zu sagen, daß ihre Männer und Söhne immer noch tot sind.

Nach einer Theaterpremière wird an der Feier in der Kantine die Frage aufgeworfen, ob ein Belgrader Theater, das zum erstenmal seit dem Krieg eine Truppe aus Sarajewo zu einem Gastspiel eingeladen hat, hier gastieren könnte.

Nein, sagt der Direktor, zuerst müssen diplomatische Beziehungen hergestellt werden.

Ob nicht Kultur vor Politik gehen sollte?

Es gingen Granaten vor Kultur, sagt der Direktor, der im Rollstuhl sitzt, und zeigt auf seine beiden Prothesen.

Es gibt viel zu viele Geschichten. Etwa diese: Eine alte Frau, heute 85, brachte es nicht fertig, ihr altes Brot wegzuwerfen und bewahrte es auf, in der Hoffnung, es irgendeinmal zu einem Hühnerhof bringen zu können. Als sie drei Mehlsäcke voll hatte, brach der Krieg aus, und sie hat ihn nur dank dieser drei Säcke überlebt.

Mit Bangen sehen die Leute dem Winter entgegen. Sie sind nicht ganz sicher, ob es wieder Frühling wird.

Dust to dust

Was für ein klarer Tag! Die gelben Lärchen leuchteten zwischen den Arven, als hielten sie die Sonnenstrahlen in ihren Zweigen gefangen. Knapp oberhalb der Waldgrenze begannen die Flecken des ersten Herbstschnees.

Wir überschritten mit unsern Rucksäcken die kleine Holzbrücke und bogen ins baumlose Seitental ein. Die Sonne blendete. Über den verschneiten Bergen, die das Tal abschlossen, quollen dicke weiße Wolken auf. Die Grashänge, die sich zu den Felsen hinaufzogen, waren braun an den sonnigen Stellen, schneebedeckt an den schattigen. Wo im Sommer die Murmeltiere pfiffen, war jetzt alles ruhig. Das Rauschen des Baches wirkte wie die Verkündung der Stille.

Wir ließen die letzte Alphütte hinter uns und gingen so lange weiter, bis ein enges Nebental in unser Tal mündete. Die Frau, die mich begleitete, ging ein kleines Stück am Bach entlang, der aus diesem Tal herunterfloß, überquerte ihn auf herausragenden Steinen und rief dann: »Da!« Ich folgte ihr nach. Wir blieben einen Moment stehen und schauten die Stelle an. Ich nickte. Ein schöner Ort.

Wir stellten unsere Rucksäcke ab und entnahmen ihnen einige Dinge. Vor einen großen Felsblock stellten wir drei Kerzen und zündeten sie an. Die kleinen Rechaudkerzen in den etwas größeren Aluminiumschälchen brannten sofort, die große blaue Kerze etwas widerwilliger. Wir versuchten sie mit ein paar Steinen, die wir an den Felsblock lehnten, vor dem Wind zu schützen. Auf das kleine Schneefeld vor dem Fels schrieb ich mit einem spitzen Stein einen Frauennamen und legte drei Rosen, die ich mitgebracht hatte, dazu. Die Frau nahm eine grüne Schachtel und stellte sie zu den Rosen. Sie steckte einige Räucherstäbchen in den Schnee und zündete sie an, und sie begannen zu duften wie fremde Alpenblumen. Ich nahm meine Blockflöte und spielte eine Melodie, die ich lange wiederholte, vom Rauschen des Bergbaches begleitet.

Nun begann die Frau die Schachtel zu öffnen, indem sie sorgfältig die Klebebänder abriß, mit denen diese verschlossen war. Der Deckel gab einen durchsichtigen Plastiksack frei, der mit getrockneten Blüten und Weihrauchkörnern bedeckt war, von welchen ein erstaunlich heftiger Geruch ausging. Sie waren schon ein Vierteljahr hier eingeschlossen. Dann stieg die Frau auf den Felsblock, öffnete den Plastiksack und warf mit großen Gebärden die Asche unserer Freundin aus Amerika ins Tal hinein. Der Wind blies die graue Staubwolke aber zu uns zurück, und sie umhüllte uns, als wollte uns die Asche unserer Freundin nochmals umarmen. Bald verflüchtigte sie sich und lag kaum erkennbar auf den Steinen, deren Farbe sie hatte. Wie leicht der Mensch ist, zuletzt.

Ich spielte nochmals eine Melodie auf der Flöte. Die Frau las ein englisches Gedicht über einen einsamen Vogel, und da entdeckte ich kleine Vogelfedern am Boden. Wir lasen sie auf und legten sie zu den Rosen.

Dann begann ich flache Steine zusammenzutragen und auf dem Felsblock zu einem Steinmännlein aufzuschichten.

Als wir unsere Rucksäcke wieder aufsetzten, schien die Sonne auf die Schrift im Schnee, die nun durch die Schatten in den Vertiefungen modelliert wurde. Bald würde sie schmelzen.

Die Asche wird nach und nach vom Wind weggetragen werden, und ihre kleinen Teilchen werden sich am Fußweg anschmiegen, zwischen den verdorrten Gräsern und den vertrockneten Alpendisteln verkriechen oder ins Wasser schweben und sich dort auflösen. Der Schnee wird fallen und alles zudecken.

Als wir zurückblicken, ist der Felsblock, der eben noch ein Felsblock war, zu einem Grabstein geworden. Der Steinmann leuchtet in der Sonne. Das Tal dahinter liegt im Schatten. Der Bach rauscht.

Kleines Welttheater

Ich betrete das Pressegebäude, wo 100 Fotos aus dem letzten Jahr ausgestellt sind, 100 Fotos von Menschen, die der Redaktion besonders gelungen schienen. Damit man das Abbild mit dem Original vergleichen kann, wurden alle Portraitierten eingeladen, an der Vernissage teilzunehmen.

Der Altbundesrat ist da und lächelt verschmitzt, als ob ihn das ganze nichts anginge und er eigentlich ein anderer sei, aber er weiß doch, daß er der ist, der jetzt hier ist, denn er hat sich schon auf das Spiel eingelassen, und die andern wissen es auch, der dienstälteste Schweizer Maler ist da und die junge Pornodarstellerin, vor der sich die Anwesenden teilen wie die Wellen vor einem Schiff, sie läßt sich von zwei Männern eskortieren, wie man sie von Modeplakaten kennt, und die Fernsehfrau ist auch da, die sich in den Ferien vor dem Hintergrund der verschneiten Alpen knipsen ließ, und der alte Skiakrobat mit dem Cowboyhut, er stieg fürs Foto in einen eiskalten Bergsee, mit ebendiesem Hut bekleidet, an dem wir ihn noch erkennen werden, auch wenn wir uns an keinen seiner Sprünge mehr erinnern können, und der eidgenössische Parlamentarier hat sich mit seiner Frau zusammen in

seiner Berner Miniwohnung vor die Kamera gestellt – es ist bemerkenswert, wieviele Menschen
sich mit ihrer Partnerin oder ihrem Partner an
Orten fotografieren lassen, wo sonst nur Gäste
Zugang haben, Freunde, Vertraute, Verwandte,
und plötzlich gehören wir alle zum Freundes-
kreis dieser Paare und setzen uns auf ihre Sofas
oder nehmen an ihrem Gartentischchen Platz,
und sie sind selbst schuld, wenn wir plötzlich in
Scharen einbrechen in ihre Treppenhäuser und
Wohnzimmer, oder ihnen zum Windelnwech-
seln ihrer Säuglinge in die Badezimmer folgen,
wie unserm schweizerischen Turnweltmeister
aus China, der sich gerade mit dem dienstältesten Maler zusammen ablichten läßt, der ja auch
in Luzern wohnt, und habe nicht auch ich mich
in meiner Küche fotografieren lassen, wie ich
ein Buch verspeise, da die Zeitschrift ein Bild zu
meinem Werk »Das verspeiste Buch« machen
wollte, und hat mir nicht soeben eine Besuche-
rin gesagt: »Wissen Sie, was ich bei Ihrem Bild
gedacht habe? Eine schöne Küche haben Sie!«

Ich schätze, daß etwa ein Drittel der Abgebil-
deten gekommen ist. Gern hätte ich den 95-jähri-
gen Bergführer aus Zermatt gesehen, denn an
seinem Seil war ich als Zwanzigjähriger auf dem
Matterhorn, aber eine Reise nach Zürich ist für
ihn wohl beschwerlicher als ein Gang uf s Horu.

Und während nun der Kunstkritiker zu seiner

kritischen Würdigung des Fotografiestils der Zeitschrift anhebt, gruppieren sich die Anwesenden langsam auf ihn zu, und nun sehe ich auch einen Portraitierten ohne Arme und Hände in einem Rollstuhl, und gelangweilt und tatendurstig zugleich schleichen einige Kinder umher, die auch auf den Bildern zu sehen waren, als Anhängsel der Abgelichteten, oder weil das Interesse tatsächlich ihnen galt, vielmehr ihrer Krankheit oder ihrer Verletzung, und endlich sehe ich eine Velorennfahrerin von nahem, kann aber nicht, wie ich das gerne täte, mit ihr ins Gespräch kommen und sie nach ihrer Erholungsfähigkeit fragen, ein Begriff aus dem Radsport, der mich interessiert, denn der Kunstkritiker spricht immer noch von den 13 Bildern, die ihm aus der Hundertschaft aufgefallen sind, und auch mit dem Mann ohne Arme würde ich gerne sprechen, doch als dann die Ansprache zu Ende ist, beginnen die Portraitierten und ihre Mitgebrachten wieder durcheinanderzufließen wie ein Beispiel aus der Chaostheorie, ich verwickle mich in ein langes Gespräch mit der Fernsehfrau, und als ich mich irgendeinmal davonstehle und auf die Straße heraustrete, geht der Anlaß weiter, denn der Papst kommt mir entgegen, der Energiepapst, jedenfalls nannte man ihn lange so, und ich habe ihn mehrmals angegriffen, aber ich grüße ihn gern und freundlich, und er hat meine Radiosendung gehört, in der ich jiddische Lieder auf schweizerdeutsch sang, und er fragt mich, woher ich jiddisch könne, denn seine Eltern sprachen jiddisch, und nun haben wir auf einmal etwas gemeinsam, und als ich weitergehe, treffe ich den dienstältesten Kabarettisten und seine Frau, wie sie mit leichtem Ekel die ausgehängte Speisekarte eines Restaurants mustern und sich gerade entschließen, zu Hause zu essen, und als ich sie aufs Tram begleite und mich abrupt verabschiede, weil im S-Bahnhof ein Zug einfährt, den ich dann doch knapp verpasse, ist mir, als käme ich soeben aus einem Theaterstück, und es heiße »Das kleine Welttheater«, und ich sei selbst in einer Nebenrolle darin aufgetreten.

FEIERABEND

Gestern habe ich mich bei einem Kriminalfilm entspannt, der im Fernsehen gezeigt wurde. Die Handlung war geschickt ausgedacht. Ein Mann, der bei seiner Mutter in einem pompös ausgestatteten Haus lebt, lädt jeweils junge Männer ein, in diesem Haus zu wohnen und führt sie dann nach einer Weile in einen Steinbruch, wo er sie ermordet. Er begräbt sie auch dort, und der Film fängt mit dem Mord am dritten jungen Mann an, den wir am Boden liegend sehen, den Körper mit Messerstichen übersät. Das Auge des Kommissars ist durch jahrelange Auftritte in dieser Fernsehserie so sehr geschärft, daß sein Verdacht bald auf den wahren Mörder fällt. Um diesem seine Taten zu beweisen, schickt er ihm einen Polizisten ins Haus, dem es gelingt, als ahnungsloser junger Mann getarnt bei dem krankhaften Menschen Unterschlupf zu finden. Als dessen Mutter schließlich zum Mordkommissar fährt und ihm endlich alles über ihren Sohn erzählt, ist es schon fast zu spät, denn der Mörder hat den Polizisten entlarvt, ist mit ihm in den Steinbruch gefahren und hätte ihn dort beim Grab seines ersten Opfers, aus dem noch eine halb verfaulte Hand herausschaut, fast umgebracht, wäre nicht im letzten Moment der Wagen des

Kommissars im Steinbruch aufgetaucht, so daß sich der Mörder vor den Augen seiner Mutter und des Kommissars und seines zuverlässigen Helfers sowie des zu Tode erschrockenen jungen Polizisten selbst erschoß.

Das war wirklich eine unterhaltende Sache.

Der Wald hat den Kampf um die Abhänge ge-
wonnen.

Während Jahren und Jahren und Jahren haben
ihn die Menschen zu bannen versucht, haben
gesägt, gehackt, gebrannt, haben ihm Baum-
strünke und Wurzelstöcke entrissen, haben ihm
Lichtungen abgetrotzt, haben diese mit Gras
besät und mit Mauern gestützt, haben kunstvoll
die passenden Steine aufeinander geschichtet,
die ohne einen einzigen Schlag Mörtel stark
genug waren, das Gewicht des Berges auszuhal-
ten, haben so eine Terrasse der nächsten ange-
fügt, haben nur wenige Kastanienbäume stehen lassen, auch Eichenbäume, denn sie gaben
Schweinefutter her, haben im Herbst die Kastanien aus ihren stachligen Hüllen herausgeklaubt
und Blätter und Hüllen sorgfältig aus dem Gras
entfernt, haben Laubhaufen angezündet bei Re-
genwetter, um keinen Quadratzentimeter Wiese
zu verlieren, und Ställe und Hütten haben sie
gebaut, mit derselben Kunst des mörtellosen
Schichtens, auch die Dächer nur aus Stein, getra-
gen von Kastanienbalken, und Wege haben sie
angelegt, um all die kleinen Besitztümer miteinander zu verbinden, mit Steinen gepflastert,
treppenartig ansteigend oft, an den vielen stei-

len Stellen, und mit Bildstöcken ausgerüstet an den Orten, wo man überraschend in die Weite des Tales sieht, sie zeigen den Engel, der Maria die Freude verkündet, die Geburt, das Abendmahl, und Heilige, Theresa, Magdalena, Hermann, Antonius mit dem Schwein und Rochus mit der Pestbeule am Knie, und auch einmal ganz klein einen Menschen, zu Boden gestreckt durch einen Baum, und darunter zeigen die zwei Buchstaben G.R. an, daß der Verunfallte davongekommen ist, daß er durch Gebete seiner Angehörigen zu ebendiesen Heiligen die Gnade zum Weiterleben erhalten hat, Grazia Ricevuta.

Unendlich viele Männermuskeln müssen sich gespannt haben beim Hacken, Sägen, Fällen und Abasten all dieser Bäume, beim Tragen, Schleppen, Behauen, Schichten und Setzen all dieser Granitplatten, mit denen der Wald gezähmt wurde und in eine dem Menschen untertane Landschaft aus Weinbergen und Bergweiden verwandelt wurde, die sich bis zur Grenze hinaufzog, wo der Wald von selber aufgab, und knapp darüber standen noch die letzten Alphütten und Ställe, in denen das Vieh gesömmert wurde, das einmal im Jahr bimmelnd, muhend, blökend, meckernd über die Steinpfade hochtrottete, die zum Teil wie hohle Gassen angelegt wurden, als Kanal für all die Tierleiber, und im

Herbst ging's denselben Weg wieder hinunter, und Maulesel müssen auch dabei gewesen sein, die große, schwere Käse trugen.

Irgendeinmal meldete sich dann die Zeit der Maschinen, Motoren und Zahnräder an, der Dampfkraft, des Dynamits, der Elektrizität und des Benzins, doch das Leben an den Hängen ging weiter wie zuvor, außer daß nun starke Stahlseile über Masten hochgezogen wurden, über die man im Herbst Bündel mit Heu zu Tale sausen lassen konnte, man band sie an Astgabelstücke, denen die Talfahrten nach und nach eine Rille eingruben. Aber eigentlich war es erst die Zeit der Versicherungen, der Verwaltungen, der Verrechnungen und Formulare, die Zeit der Postfächer, der Staumauern und der Vitamine, die Zeit der Reiseprospekte, der Fotokopien und der Bildschirme, die etwas wie einen unbekannten Virus in die Täler blies, welcher den Betrieb an den Hängen zum Erlahmen brachte.

Es verschwand das Vieh, es verschwanden die Sennen, es verschwanden die Hirten, die Hirtinnen auch, und ließen ihre Steinhütten zurück, mit den Feuerstellen in der einen Ecke, dem Strohbett in der andern, und einem Kasten, auf dessen Innenseite sie mit Bleistift hinkritzelten, wann sie da waren, und manchmal auch eine Nachricht aufschrieben wie »Evviva la montagna!«, die nun von keinem Nachfolger mehr gelesen wurde, sie alle wurden aufgesogen von Großraumbüros, Telefonzentralen, Verteilzentren und Garagen, und kaum blieben sie aus, begannen die Bäume ihren leisen Vormarsch, die Kastanien ließen ihre Blätter auf die Terrassen fallen, und niemand mehr rechte sie auf, der Regen pappte sie zu einem Belag zusammen, unter dem kein Gras mehr wuchs, Stauden, Sträucher und Dornengestrüpp begannen sie zu überziehen, die Haselnuß fraß sich mit ihren Wurzeln in die Kanten und Ecken der wohlgeschichteten Mauern und begann sie mit ihren Wurzeln zu sprengen, es genügte, unten einen Stein hinauszudrücken, und die Nachbarsteine knickten ein wenig ein, und irgendeinmal wurde der Druck der oberen Steine zu groß und sie drängten in die kleine Leere, die ganze Mauer begann sich zu wölben, und bei einer der zahlreichen Sintfluten im Frühjahr oder Herbst strömte die Erde durch die Bresche auf die nächstuntere Terrasse, deren Ecke schon durch eine Esche angehoben wurde, und niemand achtete mehr auf die Baumkronen, und wenn ein gewaltiger morscher Eichenast auf das Steindach eines Stalles krachte, riß er ein Loch, welches das Ende des Gebäudes bedeutete, das nun für die Brombeerstauden und Hagebutten freigegeben war.

Aus anderen Terrassenwiesen erhoben sich Birken, Legionen von Birken standen auf einmal da, Stamm an Stamm, und fiel eine von ihnen um, hielten sie die andern und ließen sie nicht stürzen, sie tranken mit ihrem gewaltigen Durst manche der Quellen leer, die bisher für Mensch und Vieh eine Steinfassung gefüllt hatte, und zu ihren Füßen sprießen Farne, die wie dünne vorzeitliche Vögel mit ihrem bizarren Gefieder vom Boden abzuheben versuchen, und unter dem Teppich der welken Farne kriechen die Nattern, Ottern und Vipern und wühlen sich Gänge zu den eingestürzten Mauern, in deren Fugen sie sich heimisch machen, und die Pfade, auf denen der Senn von der oberen Alp die Hirtin von der unteren Alp besuchte, wurden in der Folge immer mehr benutzt für die Besuche des Strauchwerks beim Unterholz und des Unterholzes beim Strauchwerk, wodurch die gestrichelten Linien auf der Landeskarte langsam zum Gerücht verkamen, mehr noch, zur Falle, aus der ein Rückweg kaum mehr auszumachen ist, wenn ein Ginsterbusch Halt gebietet – und die Könige des Waldes, die alten Kastanien, schneiden triumphierende Fratzen mit ihren alten Rinden, und lassen sieben, acht, zehn neue Bäume aus ihrem Wurzelstock wachsen, die sie wie Leibwachen umstehen, während sie ihre verkrüppelten alten Äste, von Waldbränden geschwärzt, von Unwettern verwittert, erheben, um den Sieg über den Menschen auszurufen, den Sieg der stillen Armee der Bäume, die nur rauschen, wenn der Wind sie packt, und in den Wipfeln sitzen die Amseln, Finken und Grasmücken und jubeln, der Kuckuck hüpft wie ein Hofnarr mit irrem Gelächter von hier nach dort, und abends, wenn es dämmert, zittert die Prozession der Glühwürmchen über die verlassenen Wiesen, aus denen der Ginster sein gelbes Feuerwerk steigen läßt, und über den Kronen vollführen die Fledermäuse ihren Taumeltanz, doch wenn es Nacht wird und der Waldkauz durchs Dickicht schreit, dann ist es nicht nur der Ruf des Siegers, sondern auch die Klage Quetzalcoatls über sein ganz und gar überwachsenes und versunkenes Mayareich.

SELZACH

Die Warteschlange rückt eins weiter.

Die Reihe ist an meinem Vordermann, einem großen, breitschultrigen Herrn aus dem fernen Osten – ein Inder, vermute ich.

Er nennt sein Reiseziel: »Selzach«.

Die Frau hinter der Scheibe runzelt die Stirn, und durch den Lautsprecher ist ihr »Wie bitte?« zu hören.

Der Inder wiederholt den Ort: »Selzach«.

Die Frau hebt ihre Augenbrauen: »Seuzach?« fragt sie zurück und nickt einladend.

Der Inder verneint: »Selzach«, sagt er so deutlich wie möglich.

Die Frau schüttelt den Kopf. Diesen Namen hat sie noch nie gehört – bestimmt täuscht sich der Mann. »Gibt es nicht«, sagt sie.

Der Inder merkt, daß er nicht verstanden wird und präzisiert: »Zwei nach Solothurn.«

Als ihm nun die Schalterfrau ein Zettelchen auf die Drehscheibe legt, auf das er seinen weltfernen Ortsnamen aufschreiben soll, rufe ich ihr zu: »Natürlich gibt's Selzach!« und füge bei: »Ich als Solothurner.« Und ich sehe die Karte des Kantons Solothurn vor mir, mit lauter roten Kreislein für die Ortschaften, die wir in der 5. Klasse auswendig lernen mußten. Auf dieser Karte lag

Selzach zwischen der Stadt Solothurn und Grenchen, und dort liegt es immer noch, zwei nach Solothurn, wie der Inder richtig bemerkte, aber nun liegt sein Zettelchen schon vor der Bahnbeamtin, und sie tippt in den Computer ein, was er ihr aufgeschrieben hat: »Selzeg«, und sagt ihm dann, daß es Selzeg nicht gebe, nur Selzach, wie sie inzwischen festgestellt hat, und ob er *einfach* lösen wolle.

Aber der Inder will auch wieder zurück, zurück nach Zürich, und er bezahlt sein Billett, das ihm aufgrund eines Programms ausgedruckt wird, welches die Schweizerischen Bundesbahnen bei einer Softwarefirma in Indien bestellt haben.

Dann verläßt er den Schalter und beendet damit eine Szene für drei Personen, in der alle recht gehabt haben und doch niemand zufrieden ist.

BERLIN, DONNERSTAG

Mir gegenüber sitzen in der U-Bahn ein weißer und ein schwarzer Junge. Der schwarze Junge, dessen Gesicht voller Pickel ist, hat im linken Ohr ein Kopfhörerchen, und der weiße Junge, der etwas größer ist, hat im rechten Ohr ein Kopfhörerchen, und zwischen ihnen laufen die Kabel zusammen und enden im selben Walkman, der auf dem Knie des weißen Jungen liegt, und beide schauen geradeaus, durch mich hindurch, als ob irgendwo weit hinter mir eine geradezu unglaubliche Musik gespielt würde.

Aus der U-Bahn tretend, muß ich mich gegen einen Frühlingssturm stemmen, der über die Chaussee zwischen den Hochhäusern durchdonnert, und aus einer Seitenstraße tritt ein schwankender Mann, oder er wird vom Sturm getreten, in einer roten Windjacke, er trägt ein Körbchen mit Champignons am Arm, ruft und winkt der ganzen Welt zu, und als er mich sieht, hebt er seine linke Hand, formt damit eine Pistole und schießt auf mich, lachend.

Später gehe ich auf der Straße an spielenden Kindern vorbei, die alle kleine Plastiktiere in der Hand halten, Giraffen, Tiger, Elefanten, und ein Mädchen stellt gerade klar: »Die kennen sich ... die kennen sich auch ...«, und kommt dann zum beruhigenden Schluß: »Die kennen sich alle.«

Abends, in einer Kneipe, die vor allem von jungen Menschen besucht wird, kommt ein alter Mann auf mich zu, den einzigen auch alten Mann im Lokal, fragt: »Darf ich?«, setzt sich, ohne meine Antwort abzuwarten und fragt mich dann in vertrautem Ton: »Sag mal, wo bin ich hier?« Ich sage ihm, er sei in Kreuzberg, und er fragt mich, ob ich eine Zigarette für ihn habe. Leider nein, sage ich, Nichtraucher, und dann wiederholt der Alte seine Frage: »Wo bin ich?«, und als ich meinerseits wiederhole, er sei in Kreuzberg, steht er auf, reicht mir eine Hand, die fast schwarz ist vor Schmutz, und sagt: »Na, dann geh ich zurück nach Spandau.«

BERLIN, FREITAG

Auf dem S-Bahnhof Schöneberg sitzt eine große, zerzauste, junge Taube verängstigt im Schutz eines Fahrkarten-Automaten. Ein paar 10- oder 11-jährige Jungen, die den Vogel entdeckt haben, wenden sich an mich, den einzigen Erwachsenen in der Nähe, und fragen mich, ob ich den Vogel nach Hause bringen könne.

Wenn ich wüßte, wo er zu Hause ist, sage ich.

Sie rätseln nun unter sich, was zu tun sei, bis schließlich einer von ihnen entschieden sagt: »Man muß ihn töten.«

Wieso denn, entgegne ich.

Er hat Schmerzen, sagt einer.

Er jammert aber nicht, sage ich.

Er hat nur noch ein Bein, sagt ein anderer.

Ich sage, Vögel stehen oft auf einem Bein und hätten das andere eingezogen.

Man muß ihn töten, sagt der erste wieder.

Ich sage, vielleicht suchen ihn gerade seine Eltern und würden ihn bald finden, und am besten sei es wohl, gar nichts zu tun und den Vogel sich selbst zu überlassen, und ich beginne um das Leben der jungen Taube zu bitten, in dieser Stadt, die unter einer großen Taubenplage leidet.

Als ich in die S-Bahn steige, steigen die Kinder nicht ein.

Heute war ich im Theater. Die Vorstellung, die ich besuchte, war sozusagen ausverkauft, aber einer Freundin gelang es, noch zwei Plätze am Rande einer der vorderen Reihen zu bekommen, die eigentlich, wie man ihr an der Kasse sagte, für den Theaterarzt wären. Ich schließe daraus, daß der Theaterbesuch für den Arzt freiwillig ist.

Das Stück ist von Thomas Bernhard, es handelt von einem Gelehrten, der nicht mehr gehen kann und an diesem Tag bei sich zu Hause den Ehrendoktor bekommen soll, und der die Frau, die ihn pflegt und die auch seine Lebensgefährtin ist, ununterbrochen demütigt, schikaniert und tyrannisiert.

Fünf Minuten nach Stückbeginn merken zwei junge Leute vor mir, daß sie offenbar im falschen Stück sind, stehen auf und verlassen den Saal, und jetzt fällt mein Blick auf drei Frauen, die hintereinander in den Reihen vor mir sitzen. Die erste hat eine betörend schöne Frisur, sie hat ihre dunklen Haare locker oben zusammengebunden, aber so, daß verschiedene kleine Bündel davon noch abstehen und lässig nach unten fallen, sie trägt eine fliederfarbene Jacke, aus der ein grauer Kragen ragt, und ab und zu flüstert sie dem Mann neben sich etwas zu, oder sie streichelt ihn sogar mit der rechten Hand, es ist ein sportlicher Typ in einem karierten Veston, auf den ich sofort eifersüchtig bin.

Vor ihr sitzt eine kleine Frau in einem roten Rollkragenpullover mit einer Brille, ihre Haare sind kürzer und geben einen wunderschönen Hals frei, und sie muß sich immer etwas nach links beugen, weil vor ihr eine größere Frau sitzt, deren blonde Haare einer Kaskade gleichen, deren Ströme oben von einem Diadem nach allen Seiten geleitet werden.

Es ist quälend mitanzusehen, wieviele Beleidigungen sich die Lebensgefährtin des gehbehinderten Gelehrten gefallen lassen muß; kaum schickt er sie hinaus, weil sie etwas nicht nach seinem Wunsch gemacht hat, lockt er sie schon wieder herein, um sie aufs neue zu erniedrigen.

Als schließlich gegen Ende des Stückes die Honoratioren die Bühne betreten, um dem Gelehrten die Ehrendoktorwürde zu verleihen, erträgt es die Lebensgefährtin nicht länger, sie bricht zusammen und fällt der Länge nach zu Boden. Ich bin überrascht von dieser Wendung des Stücks und finde sie genial.

Doch als es den Honoratioren nicht gelingt, die Frau wieder auf die Beine zu bringen und sie einfach mit einem verwunderten Blick an der Bühnenwand sitzen bleibt, fällt der Vorhang, und ein etwas verstörter Mann tritt an die Rampe

und sagt, es sei ungewiß, ob das Stück weiterge-
spielt werden könne, sie bäten um einige Minuten Geduld, und nach einigen Minuten erscheint
ein anderer Mann vor dem Vorhang, stellt sich
als Abendregisseur vor und sagt, ein Arzt sei benachrichtigt worden, aber es sei schon jetzt klar,
daß das Stück nicht fertig gespielt werden könne
und hier zu einem abrupten, aber logischen Ende
käme, wofür sie um Verständnis bäten.

Wäre jetzt ein Theaterarzt auf meinem Platz
gesessen, wäre er sofort bei der zusammenge-
brochenen Schauspielerin gewesen, so aber stehe
ich an seiner Stelle auf, stimme mit schlechtem
Gewissen in den konsternierten, kurzen Applaus
ein, der jetzt einsetzt, und verlasse das Theater,
und draußen fällt, es ist Anfang März, in dichten
Flocken Schnee. Die Sirene der Ambulanz ist zu
hören, die gleich danach vor dem Bühnenein-
gang des Theaters stillsteht und deren blaue
Lichter sich wie eine Sturmwarnung weiterdre-
hen und über die Gesichter der Leute huschen,
die sich beim Hinausgehen alle erzählen, in welchem Moment sie gemerkt hätten, daß es kein
Theaterstück mehr gewesen sei.

VERSTECKTE SÜCHTE

Schon auf dem Weg zum Bus in Örlikon schärft sich der Blick für das Tagungsthema.

Ich überhole einen älteren Mann, der in Jeans und dicker Windjacke mit einer Papiertragtasche an der Hand auf dem Trottoir dahinschlurft. Wer so langsam läuft, steht unter akutem Suchtverdacht, Alkohol, vermute ich, des Alters wegen, aber sofort fallen einem auch die schnell Laufenden auf, die junge Frau im Deux-Pièces, mit der straffen Frisur und dem leicht geschminkten Gesicht, die ein Aktenköfferchen trägt und so zielbewußt über die Straße geht – könnte sie nicht arbeitssüchtig sein? Schließlich denkt man seit Tagen über mögliche Suchtformen nach, und dann der junge, langhaarige Mann mit dem Hund und dem großen Rucksack, vor dem Coop, die Flasche in der Hand, da haben wir's, um acht Uhr schon eine Flasche in der Hand, allerdings sehe ich beim Vorbeigehen etwas irritiert, daß es eine Cola-Flasche ist, aber wie immer, die Tagung wird ja wohl von Menschen handeln, die auf irgendeine Art stehenbleiben, mit einer Flasche in der Hand, auch wenn diese Menschen aus dem Hotel, vor dem der Bus jetzt hält, augenblicklich rausgeschmissen würden. Wenn es hier Süchtige gibt, dann nur die Art mit dem Aktenköfferchen in der Hand, und tatsächlich sehe ich schon einen, der in der Rechten die Kaffeetasse hat und in der Linken sein Handy, und erst dieses letztere verleiht ihm die Weihe der Bedeutsamkeit, die Berechtigung, in einem so noblen Hotel zu frühstücken, einem Hotel, das einen Steinwurf außerhalb der Stadtgrenze im Niemandsland liegt, doch das ursprünglich vorgesehene Hotel ist inzwischen in eine Techno-Disco umgewandelt worden, komplett schwarz ausgeschlagen, und soweit wollte man in der Annäherung an die Suchtatmosphäre auch wieder nicht gehen.

Zwischen den europäischen und asiatischen Geschäftsleuten sind nun immer deutlicher die Teilnehmenden der Tagung zu erkennen, die langsam, aber unaufhaltsam im Rhythmus der Shuttle-Busse und der Busfahrpläne in den Rezeptionsraum strömen, ich glaube, ich würde mich auf hundert Personen höchstens in einer darin täuschen, was sie hierher führt.

Die Wendeltreppe hinaufgehend, sieht man sich in einer Spiegelwand von amerikanischen Ausmaßen verdoppelt und erreicht die Tagungsplattform, die sich durch einen umfangreichen Büchertisch ankündigt und ergänzt wird durch Tische, an denen Produkte der Psychohygiene angeboten werden, von Zeitschriften bis zu Würfel- und Rollenspielen für Therapiegruppen, die

von einem Herrn mit besorgtem Blick einfüh-
lend erläutert und mit eigenen Erfahrungen an-
gereichert werden.

Es haben sich, das wird gleich zu Beginn klar,
überraschend viele Menschen eingefunden, alle
heben zuerst den Prospekt der Zeitschrift »intra«
auf, der auf ihrer Sitzfläche liegt, und am Schluß
müssen sogar noch einige etwas später Einge-
troffene den Wänden entlang stehen, so groß ist
das Interesse, etwas über versteckte Süchte zu
hören. Ein paar Bekannte treffe ich, was mich
ein bißchen beruhigt. Die Teilnehmenden und
Wißbegierigen sind vor allem Frauen, die Referenten, die etwas zu wissen glauben, sind vor allem Männer, ich gehöre auch dazu, obwohl ich
nichts Spezielles weiß, aber es handelt sich, wie
der Organisator am Anfang in Erinnerung ruft,
um eine Kultur- und Fachtagung, eine Tagung
also, in welcher das Fach in die Kultur hinein-
greift und die Kultur in das Fach, und ich bin gefragt worden, ob ich beim kulturellen Eingriff ins
Fach dabei wäre.

Eine Sucht, sagt er, könne des weitern durchaus eine Chance sein, und er hoffe, daß heute
auch Unerhörtes diskutiert werde, und auf dieses Stichwort kracht und donnert es aus den
Lautsprechern, daß wir alle zusammenfahren,
aber irgendwie wirkt es auch ermutigend.

Die Aufforderung des Tagungsleiters, die Nachbarn oder eher die Nachbarinnen zu fragen, weshalb sie hierhergekommen seien, nehme ich ernst, und da ich dies vom Mann neben mir schon weiß – er ist auch als Referent eingeladen worden – drehe ich mich um und frage die zwei hinter mir sitzenden Frauen nach ihren Motiven, und beide wollen wissen, wann etwas eine Sucht ist, eine von ihnen ist Krankenschwester und hatte schon öfters Patienten, an denen sie eine Sucht erkannte, ohne daß sie wirklich darauf eingehen oder das in befriedigender Weise zur Sprache bringen konnte.

Der Suchtpräventionsmann spricht zuerst über das Spannende am Verstecken, das Geheimnis, das aber auch beinhaltet, daß nach dem Versteckten gesucht wird.

Und im Laufe des Vormittags beginnen wir nun alle immer mehr zu suchen, in allen möglichen Verstecken, denn jeder, der auftritt, und auch die einzige jede, erwähnt nun Möglichkeiten der Sucht, bei deren purer Aufzählung einem schon angst und bange wird und man sich fragt, ob man jemals auch nur die geringste Chance hat, sich aus diesen Abhängigkeiten zu befreien. Während wir uns immer noch Gedanken über Haschisch machen, sind die Alcopops schon da, und Heroin wurde vor genau 100 Jahren als Heilmittel auf den Markt gebracht, von der berühmten Aspirinfirma Bayer, und wurde von den

Ärzten genau so souverän lächelnd auf den Rezeptblock geschrieben wie seit 1963 Valium, 1963 bekam ich gerade das Stimmrecht, aber rückblickend habe ich das Gefühl, das Valium sei 100 Jahre älter als das Frauenstimmrecht, ich habe nie eins genommen, nur einmal im Leben habe ich aus Verzweiflung ein Antidepressivum geschluckt und war nie mehr so depressiv wie die Stunden danach, es war mir, als hätte ein böser fremder Gast mein Haus betreten und hätte mir befohlen, alle Möbel umzustellen, und Schokolade soll auch zum Suchtpotential gehören, ist denn das möglich, ich weiß nicht, was die Firma Toblerone dazu sagen würde, die in diesen Tagen im Zürcher Lokalfernsehen immer wieder heimelig unter den betroffenen Gesichtern des Ehepaars Meili und deren Anwalt Ed Fagan als Sponsor aufgeleuchtet hat, der Anwalt, der ihnen, wie er im Interview betonte, vor allem »helfen« möchte, aber da sind wir ja hellhörig, die Krankenschwester zieht jedem Helfer den Teppich unter den Füßen weg, wer hilft, schreit nach Hilfe, höre ich aus ihrem Referat. Ich werde es mir merken – wenn ich das nächstemal krank und schwach im Spitalbett liege und die Nachtschwester kommt, werd ich mich aufrichten und tapfer zu ihr sagen: »Kann ich Ihnen helfen, Schwester?« Aber wenn die Nachtschwester auch an dieser Tagung war, wird sie mich als Kultur-

schaffenden sofort zu den Suchtfällen einord-
nen, zu Recht, wie in der Ausstellung in der
Pause zu sehen ist, wo von Goethe bis zu Schiller, dem Schnüffler von faulen Äpfeln über Mari-
lyn Monroe mit ihren Medikamenten bis zu
Edith Piaf so mancher der Menschen wiederzu-
finden ist, deren Werke an unsere Gefühle
gerührt haben, an unsere Gefühle, die wir, wie
die Krankenschwester und Autorin auch erwähnt, so gut versteckt haben, daß wir sie oft
nicht mehr finden, aber wir Kulturschaffenden
sagen an diesem Vormittag auch nichts ausge-
sprochen Trostreiches, sondern fahren fort mit
der detaillierten Beschreibung von Trivialfällen,
die wir zu Suchtfällen aufbauschen, damit niemand mehr einen Schritt machen kann, ohne
sich als Süchtiger outen zu müssen, und zum
Glück hören wir dann auch noch, wie wir uns
aus dieser Falle befreien können, endlich kommt
der Hellraumprojektor zum Einsatz, der schon
lange mit seiner Anwesenheit gedroht hat, da
gibt es Zwölfschritteprogramme, Neunpunkte-
modelle und Vierstrichemethoden, mit denen
man die Enge des eigenen Käfigs durchbrechen
muß, oder ist das nicht schon wieder ein Sucht-
verhalten, das wollten sie doch alle auch, die
Sensiblen, die gefallenen Engel, zu denen wir
uns in der Ausstellung gesellen können, indem
wir auf einem Zettel einen Strich machen dürfen

hinter den Begriff, hinter dem wir eine eigene Sucht vermuten, der Spitzenreiter ist, wie ich mit Freude sehe, Kaffee mit zwölf Strichlein, ich füge rasch ein dreizehntes hinzu, Verbundenheit sei auch etwas, was man in der Sucht suche, glaube ich gehört zu haben, bei Sex hätte ich noch gern ein zweites Strichlein hinter das eine, einsame gesetzt, aber es hat mir zuviel Leute, und mit Genugtuung sehe ich auch, daß offenbar acht Buch-Süchtige unter uns sind, hoffentlich spüren wir das an den Bücherkäufen, ich freue mich darüber, bis ich merke, daß ich ja plötzlich auch zu den Profiteuren einer Sucht gehöre, wie die eben gerade genannte Pharma- oder die Autoindustrie. Schlafen hat ebensoviele Suchtpunkte wie Bücher, was mir etwas verdächtig ist, vielleicht sind es dieselben, die über unsern Büchern einfach einschlafen und sie sozusagen als Edel-Benzodiazepin benutzen, irgendwie kann man nicht richtig froh werden heute, und ich suche nochmals die Alltags-Suchtangebote auf den großen Zetteln ab, ohne meine wirkliche Sucht zu finden, denn eigentlich bin ich brotsüchtig, ich kann jederzeit Brot essen, ich kaufe diese frischen Goldbürlis, auch wenn ich ganz genau weiß, daß es zu Hause noch ein unangeschnittenes St.Gallerbrot gibt, und ich beiße schon auf dem Heimweg hinein, vor allem der Krustenbiß ist wie ein schwarzer Afghane für mich, ohne

den ich nicht mehr leben kann, und kein Hellraumprojektor der Welt wird mir predigen können, ich solle auf meine Baguettescheiben am
Morgen verzichten, und auf die Dosissteigerung
zum Znüni, und habe ich nicht meinen Mitrefe-
renten vor seinem Vortrag nach einem Gipfeli
seufzen hören, es war mir, als seufze ich selbst,
so sind wir nun mal, die Schöngeister, und hat es
ihm nicht ein Herr Helfer beschafft, und ohne
diesen Kick hätte der Dichter seine Autoge-
schichte nicht über die Lippen gebracht, ich
hätte meinem Kollegen um den Hals fallen können, denn schon lange trage ich mich mit dem
Gedanken, eine AB-Gruppe zu gründen, an-
onyme Brotabhängige, ich bin ja inzwischen
schon soweit, daß ich mir das Brot intravenös
injiziere, am gewaltigsten fährt der Kuchenteig
ein, ich sehe mich dann als Apfel im Eierguß in
einem Swissair-Catering über die Nordpolroute
donnern...

Und nach dem Essen, wo kaum jemand ein
Glas Wein zu bestellen wagt und man sich bei
jeder Gabel voll Nudeln fragt, ob man die Sucht-
grenze schon erreicht oder gar überschritten hat,
geht's dann ab in die Workshops, wo man den
Referenten persönlich auf den Zahn fühlen kann,
und ich merke plötzlich, daß ich in keinen der
Workshops möchte, nicht einmal, um an der At-
mosphäre zu schnüffeln wie Schiller an seinen

faulen Äpfeln, sondern daß es mich mit nicht zu bremsender Macht hinauszieht, nach Glattbrugg, in diese Bäckerei mit den unvergleichlich weichen und süßen Brioches.

DIE SCHÖNSTE ERINNERUNG

»Und was ist denn, Frau Ehrenzeller, Ihre schönste Erinnerung?« fragte der Stadtpräsident die Hundertjährige mit jovialem Lächeln, nachdem sie sich mit Hilfe des Altersheimleiters im frisch geschenkten Lehnstuhl niedergelassen hatte.

»Wie bitte?« fragte die Jubilarin mit leicht vorgerecktem Kopf.

»Ihre schönste Erinnerung?« wiederholte der Stadtpräsident mit angehobener Stimme.

»Sie meinen . . .?« fragte Frau Ehrenzeller nochmals, indem sie ihre Hand an die Ohrmuschel hielt.

»Welches Ihre schönste Erinnerung ist!« schrien der Stadtpräsident und der Altersheimleiter fast gleichzeitig.

»Ach«, sagte die alte Frau und lachte, »meine schönsten Erinnerungen sind eigentlich sexueller Natur.«

»Oh«, sagte der Stadtpräsident und nickte, »warum auch nicht? Also dann, Frau – «

»Insbesondere«, fuhr die Hundertjährige fort, »denke ich mit Genuß an die Zeit zurück, in der ich zwei Freunde gleichzeitig hatte.«

»Na«, hüstelte der Stadtpräsident , »da kommen ja schöne Dinge raus, Frau – «

»Wir hatten«, sagte die Gefeierte und lehnte

sich mit halbgeschlossenen Augen in den Sessel zurück, »wunderbare Dreier zusammen, zum Beispiel nahm mich der eine von hinten, während ich den anderen – «

»Frau Ehrenzeller, wir bringen Ihnen jetzt die Geburtstagstorte!« rief der Altersheimleiter beschwörend.

»Wissen Sie, das Gefühl, mit beiden Händen zuzugreifen und links und rechts neben sich einen Mann stöhnen zu hören, das möchte ich in meinem Leben keinesfalls missen. Oder habt ihr so etwas nie ausprobiert, ihr zwei Lausbuben?« fragte sie die beiden Hauptgratulanten fröhlich.

Aber als nun groß und sahnig eine Geburtstagstorte mit 100 Kerzen von zwei gertenschlanken jungen Zivilschützern auf einem Servierboy hereingeschoben wurde, hatten der Stadtpräsident und der Altersheimleiter bereits die Flucht ergriffen.

DIE NEUE NACHBARIN

Unsere neue Nachbarin, das bemerkten wir bald, schaute sich abends am liebsten Kriminalfilme im Fernsehen an.

Wenn meine Frau und ich abends auf dem Balkon ein Glas Wein tranken oder Karten spielten, hörten wir aus dem offenen Fenster gegenüber Musik, die sich dramatisch steigerte, Schüsse, Schreie, Polizeisirenen.

Öfters bekamen wir auch einzelne Sätze mit wie: »Das hättest du dir besser früher überlegt, Jim!« oder »Kommt mal hier rüber, Jungs!« oder »Und du kleine Kröte meinst, ich merke das nicht?«, lauter Sätze, die schon von weitem nach Drehbuch riechen, und kurz danach wurde jeweils geballert, gekämpft oder geschrien.

Als an einem schönen Sommerabend kurz vor Mitternacht aus dem Nachbarhaus der einfältige Satz »Das Spiel ist aus, Schätzchen!« zu hören war, gefolgt von einem trockenen Schuß, dachten wir uns nichts Besonderes dabei. Auch das rasch quietschende Anfahren eines Autos kurz danach war uns von den Filmen her ein vertrautes Geräusch, und erst als uns die Polizei am nächsten Tag fragte, ob uns gestern Nacht zur Tatzeit nichts aufgefallen sei, fiel es uns wie Schuppen von den Augen.

ORDNUNGSLIEBE

An einem schönen Frühlingstag konnte er sich auf seinem täglichen Waldlauf nicht mehr beherrschen.

Zu seiner Person nur soviel: Er war bei den 68-er Demonstrationen von einem Feuerwehrschlauch abgespritzt worden, als er eine Rose schwenkte, er war bei den 80-er Unruhen an der vordersten Verständnisfront für die Chaoten gestanden, er war bestimmt alles andere als ein Spießbürger und kleinlicher Saubermann, aber nun hing seit drei Tagen dieselbe Plastiktüte an diesem Brombeerstrauch, und etwas weiter vorn war ein städtischer Abfallkorb in Sicht.

Also tat er einen Schritt ins Unterholz und angelte den Plastiksack herunter, genauer, er *wollte* ihn herunter angeln, denn der eine Träger blieb in den Dornen hängen, so daß der Sack der Länge nach aufriß und leere Bierdosen auf den Waldboden fielen und Packungen mit halbgegessenen Käsescheiben sichtbar wurden. Beim Versuch, den zweiten Träger wieder dem ersten anzunähern, platzte die Tüte unten auf, und Orangenschalen, Pumpernickelbrote und ein gebrauchter Kondom verteilten sich im Gestrüpp, auch zerknitterte Papierservietten, die nach Samen rochen, entfalteten sich träge und blieben im Gedörne hängen, eine davon mußte er sogar von seinem Trainingsanzug entfernen. Als er nun entschieden am Plastiksack riß, der übrigens für ein Musikgeschäft Werbung machte, zerfetzte sich dieser ganz, und ein Brombeerast federte ihm ins Gesicht und verpaßte ihm einen Kratzer über Nase und Wange.

Mit einem ärgerlichen Aufschrei ließ er alles fahren und trat aus dem Unterholz auf den Waldweg, da sah er drei Pfadfinder, die mit dem Ruf: »Endlich haben wir den Sauhund!« triumphierend und Gerechtigkeit verstrahlend auf ihn zu kamen.

»Ich komme wegen der Brücke«, sagte der kleine grauhaarige Mann im blauen Overall, der vor der Tür stand.

»Bitte«, sagte die Frau, »treten Sie ein, wir haben Sie erwartet.«

Sie schloß die Tür hinter ihm.

»Es ist im oberen Stock«, sagte sie, ging vor ihm die Treppe hinauf, und er folgte ihr.

»Als ich das Inserat sah, wußte ich sofort, daß es das ist, was wir brauchen«, sagte sie und öffnete dann eine Tür.

In einem verdunkelten Zimmer lag eine dünne Gestalt im Bett und starrte mit weit geöffneten Augen auf die beiden Eintretenden.

»Es ist immer dasselbe«, sagte sie mit brüchiger Stimme, »ich gehe auf einer Brücke über eine tiefe Schlucht. Auf der andern Seite ist eine blühende Alpenwiese. Wenn ich in der Mitte bin, brechen die Bretter, und ich stürze in die Tiefe. Bitte reparieren Sie die Brücke. Bitte.«

»Können Sie das?« fügte die Frau hinzu, die neben ihm stand.

Der Mann schaute das Foto auf der Kommode an, das ein Mädchen in einer bergbäuerlichen Tracht auf einer blühenden Alpwiese zeigte.

»Nicht ganz leicht«, sagte er dann, »so hoch

über der Schlucht, aber ich werde es versuchen. Ich muß zuerst ein paar Dinge besorgen.«

Dann nahm er die Hand der alten Frau und sagte: »Ich komme morgen wieder und bringe eine Gehilfin mit. Dann flicken wir die Brücke.«

Am nächsten Abend schlug der kleine graue Mann mit dem Hammer dicke Nägel in einige Arvenplanken, die am Boden lagen.

Eine junge Frau in einer Tracht hatte überall im Raum Sträuße mit Alpenblumen und kleine Heubündel verteilt, und das ganze Zimmer duftete wie eine Bergwiese.

»So«, sagte der Mann und erhob sich vom Boden, »die Brücke ist repariert. Sie können sie ohne Bedenken betreten.«

Hoch aufgerichtet saß die alte Frau im Bett und atmete tief und ruhig.

Als ihre Tochter am nächsten Morgen die Firma »Reparatur von Träumen aller Art« anrief, um dem grauhaarigen kleinen Mann zu sagen, ihre Mutter habe in dieser Nacht sterben können, sagte eine Tonbandstimme, diese Nummer sei nicht mehr in Betrieb.

Kürzlich hat mir ein junger Mann die folgende Geschichte erzählt: Er war zu einer großen Konferenz gefahren, um am Rande dieser Konferenz Flugblätter zu verteilen, auf denen er die Beschlüsse der Konferenz kritisierte. Da die Konferenz in einem europäischen Land stattfand, rechnete er damit, daß er seine Meinung auch in dieser Form äußern durfte. Nun geschah es aber, daß er mit diesen Flugblättern in einen Straßenabschnitt geriet, der schon so nahe beim Konferenzgelände lag, daß ihn die Polizei unter ihren Schutz stellte, und wer immer ihn betrat, mit dem wurde etwa so verfahren wie mit dem jungen Mann.

Dieser wurde, so erzählte er mir, festgenommen, wurde in eine Parkgarage geführt, wo er fünf Stunden lang, an eine Stange gekettet, ausharren mußte, zusammen mit sieben weiteren Unvorsichtigen, wurde dann 24 Stunden in ein Untersuchungsgefängnis eingesperrt, ohne daß er die Möglichkeit hatte, jemandem mitzuteilen, wo er sich befand, sollte dann ein Dokument in der Sprache dieser Stadt unterschreiben, die er nicht versteht, und da ihm der Inhalt auch nicht übersetzt wurde, unterschrieb er es nicht und kam für die nächsten 48 Stunden in ein bekann-

tes Hochsicherheitsgefängnis, wo er einem So-
zialarbeiter die Telefonnummer seiner Angehörigen bekanntgeben durfte, die aber, wie er später erfuhr, nicht benachrichtigt wurden, und nach
Ablauf dieser insgesamt 72 Stunden wurde er
von der Polizei zuerst zu seinem parkierten Wagen begleitet und von dort zur nahen Grenze
eskortiert, wo man ihm ein Dokument aushän-
digte, auf dem stand, er habe, da er ein uner-
wünschter Ausländer sei, ab sofort fünf Jahre
Einreiseverbot.

Und diese Geschichte, Sie ahnen es, hat sich
weder in Soeul noch in Djakarta noch in Belgrad
ereignet, sondern in Genf, und da Genf in der
Schweiz liegt, ist es eine Schweizer Geschichte,
warum soll man sie also nicht erzählen, in der
Schule, an Jubiläen oder am Nationalfeiertag,
nachher können wir ja immer noch Vulkane und
Raketen zischen lassen.

Der Tod schaut vorbei

Mein Vater, der sich einer heiklen Operation unterziehen mußte, rief mich heute gegen Abend an, um mir zu sagen, man habe ihn aus dem Spital entlassen und er sei wieder bei meiner Mutter zu Hause. Daraufhin war ich so erleichtert, daß ich Turnhose und Turnschuhe anzog, um noch etwas zu rennen.

Als ich bei der kleinen Sportanlage meines Quartiers eintraf, um einige Runden zu laufen, stand am Rande der Rennbahn ein Raubvogel im Disput mit zwei Krähen. So etwas hatte ich in den zwanzig Jahren, seit ich hier wohne, noch nie gesehen. Die Krähen keiften ihn an, worauf er ruhig unter dem Geländer durch auf die Bahn spazierte, dort seine großen Schwingen ausbreitete und sich gelassen in die Luft erhob, begleitet vom Spott der beiden Krähen, dem alsbald ein vielstimmiges Krächzen aus verschiedenen Baumkronen ringsum folgte. Als ginge ihn das alles nichts an, drehte der Raubvogel, der seiner Größe und seiner weißen Unterflügel wegen fast nur ein Milan sein konnte, einige Kreise über den Bäumen, welche die Rennbahn säumen, stieg immer höher und flog nach einer Weile davon, in der Gewißheit, irgendwo ein anderes Opfer zu finden.

Zu Berg

Als ich am Hauptbahnhof in Zürich meinen Zug besteigen will, muß ich mir durch eine große Menge von Tamilen den Weg bahnen, die alle festlich gekleidet in Gruppen herumstehen. Einer von ihnen verteilt den andern Papierfähnchen. Ich kaufe am Kiosk noch schnell eine Schokolade, die mir in meinem Picknick fehlt, und frage einen Tamilen, der nach mir dran ist, ob sie Nationalfeiertag hätten, und er sagt mir, ja, und sie gingen alle nach Genf, vor die UNO.

Ich bin froh, daß ich nicht nach Genf vor die UNO muß und nehme den Zug nach Bern. Erst als ich drin bin, merke ich, daß es derselbe ist, der von Bern auch noch bis Interlaken fährt. Dort steige ich in den Zug nach Lauterbrunnen um. In Lauterbrunnen, dem Ort im Talboden, auf den der Staubbachfall hinunterfällt, welcher schon Goethe begeistert hatte (»Seele des Menschen, wie gleichst du dem Wasser...«) und in dessen mittlerer Höhe jemand eine Schweizerfahne befestigt hat, gleich neben der Gischtfahne, man fragt sich, wie, in Lauterbrunnen also muß man in die Jungfraubahn wechseln, und da dort auch die Allmacht des SBB-Generalabonnements endet, löse ich am Schalter ein Billett mit der Destination »Eismeer«. Der Gedanke, daß man von jedem Ort der Schweiz eine solche Fahrkarte lösen kann, beschwingt mich, ein Billett, auf dem steht »Muttenz – Eismeer« muß eine Verheißung sein, besonders in diesen Sommertagen, die zu den heißesten der letzten Jahre gehören. Mein Bergführer, mit dem ich jedes Jahr eine oder zwei Touren abmache, erwartet mich hier, seine Frau, eine sehr gute Alpinistin, wird uns auf dieser Tour begleiten.

Eiger, Mönch und Jungfrau, die Kulissen des schweizerischen Mittellandes, werden immer näher gerückt, bis sie auf der Kleinen Scheidegg vor uns halt machen, als wollten sie uns fragen, ob wir wirklich in ihrem Stück mitspielen wollen. Das wollen wir, und wir kriechen nun mit der Zahnradbahn in den Eiger hinein, in der Eigerwand hält sie an, damit sich alle Fahrgäste an den Schaufensterscheiben, hinter denen die Eigernordwand ausgestellt ist, die Nasen plattdrükken können, auch an der Station Eismeer gibt es einen Aussichtshalt, nach welchem alle wieder einsteigen, außer den wenigen, die von hier aus die Bühne des Bergtheaters betreten wollen, und zu denen gehören wir. Erstmals seile ich mich auf einem Bahnhof an, dann steigen wir durch einen langen Felsenstollen hinunter, bis wir vor einer eisernen Türe stehen, und als sie sich krächzend öffnet und uns aus dem Urgestein entläßt, stehen wir mitten in einem mächtigen Bergkessel auf dem Gletscher.

Der Bergführer zeigt mir, wo sich die Hütte befindet, zu der wir aufsteigen müssen, sie steht genau auf einem Absatz des Eigergrates und sieht nicht aus, als ob sie zu Fuß erreichbar wäre. Mein Bergführer geht aber offenbar davon aus, und wir marschieren nun über den Gletscher an den Fuß einer Felswand, klettern ein Stück darin hoch und erreichen ein Schuttband, das einem Weg gleicht, und diesem Band folgen wir so lange, bis wir die Hütte erreicht haben.

Von hier aus sehe ich erst, daß der Eiger wirklich eine Kulisse ist. Während seine Nachbarn Mönch und Jungfrau große Klötze sind, deren Rückseiten sich weit abfallend gegen den Aletschgletscher hin erstrecken, steht er aufgerichtet wie eine Scheibe da, zeigt der ganzen Welt seine berüchtigte Nordwand, und hinter ihm ist nichts, nichts als eine nackte Südwand, die zu durchsteigen fast noch sinnloser ist als die Nordwand, er besteht also eigentlich nur aus diesem Grat, der sich turmhoch über der Hütte erhebt, und über den wir morgen den Gipfel erreichen wollen. Ein Gast eines Bergführers, den wir schon im Zug getroffen haben, schaut ähnlich beklommen wie ich seinem morgigen Auftritt entgegen und murmelt zu mir etwas von einem Bubentraum. Ich beneide ihn um dieses

Argument, denn ich weiß nicht genau, um welche Art von Irrsinn es sich bei mir handelt.

Die Hüttenwartin kocht das Essen, sie ist eine fröhliche junge Frau und verbringt schon den zweiten Sommer hier oben, ohne auch nur einen Tag ins Tal zu gehen, oder zu fliegen. Souverän teilt sie die Essensgäste in Schichten ein, wir sind in der zweiten Schicht, und ich sitze direkt neben der großen Eisenstange, welche die Verankerung der Hütte darstellt, und in welche, wie ich höre, bei Gewittern die Blitze einschlagen und einen Funkenregen in der Hütte verbreiten. Die Küche ist in einer neuen Biwakbaracke gleich daneben, in der wir übernachten, da die Hütte schon voll ist. Die Baracke trägt den Namen eines Grindelwalder Bergführers, der seit 1973 im Finsteraarhorngebiet vermißt wird, sein Foto hängt in unserm kleinen Schlafraum, ein junger Mann, der mit einer Gletscherbrille unternehmungslustig in die Höhe blickt, und ihm über die Schulter blickt das Finsteraarhorn, und er weiß offensichtlich noch nicht, daß es ihn zum Opfer erwählt hat. Heute wäre er vielleicht so alt wie ich.

Mit den Worten »You two!« weckt ein Bergführer um 3 Uhr seine zwei japanischen Gäste, und da wir alle in diesem Raum über den Grat wollen, sind wir alle gemeint und stehen hastig auf, suchen mit unsern Taschenlampen nach Socken,

Kappen und Gamaschen, stellen uns vor der Toilette auf der Rückseite der Hütte an, deren Schlund offen in der Steilwand endet, wo Kot und WC-Papier ein unappetitliches Delta bilden, für manchen Berggänger ein Grund, seinen Stuhl einen ganzen Tag lang zu unterdrücken und mit sich über den Grat zu schleppen. Mir gelingt es trotzdem, ihn loszuwerden, vermutlich ist meine Angst einfach groß genug.

Noch scheint der Mond und erhellt eine unglaubliche Szene. Wolken treiben auf die Eigernordwand zu und brechen sich an ihr wie eine Brandung, die sich bis zum Gipfel überschlägt, und darunter schimmern immer wieder die Lichter von Grindelwald wie eine Korallenstadt vom Meeresgrund herauf. Am Grat sind bereits die ersten Seilschaften unterwegs, als Bergmannslichter flackern sie mit ihren Stirnlampen am Kopf langsam höher. Es sind die, welche von der fröhlichen Hüttenwartin zum ersten Frühstücksgang eingeteilt wurden, den man stehend vor ihrer Biwakküche einnimmt, wie im Hotel wird man gefragt »Tee oder Kaffee?«, und man kann sich auch selbst ein Birchermüesli aus einem großen Topf herausnehmen. Da mein Bergführer vor einer Tour immer Tee trinkt, weil die Flüssigkeit im Körper länger herhalte, trinke ich auch Tee, ich mache alles, was er macht.

Schon nach kurzer Zeit haben wir im letzten

Mondlicht das erste fixe Seil erreicht, das der Grindelwalder Bergführerverein an einem Gratturm befestigt hat, um den es kein Ausweichen gibt. Der Bergführer klettert solange voraus, bis ich ihn nicht mehr sehe, dann ruft mir seine Stimme zu: »Chaisch cho!« Ich ergreife das fixe Seil, suche mit den Füßen kleine Tritte und arbeite mich langsam in die Höhe, die Abgründe links und rechts nicht beachtend, zwei oder dreimal finde ich keine Tritte und ziehe mich tarzanartig mit den Armen am Seil hoch. Es beruhigt mich, daß mich das Bergführerehepaar in die Mitte genommen hat, er klettert voraus, sie hinter mir nach. Die beiden haben zwei kleine Kinder, die ich auch kenne, die Tochter hat mir kürzlich eine selbergeschriebene Geschichte von einer Wunderblume geschickt, die sprechen kann. Wenn die beiden hier durchgehen, als ob nichts wäre, denke ich, dann kann ich gut mitgehen, die wollen ja auf alle Fälle wieder zurück zu ihren Kindern.

Als die Sonnenstrahlen den Schneegipfel des Mönchs rötlich färben und uns kurz danach selbst erreichen, ist es mir, als würde mir persönlich mitgeteilt, daß der Tag angebrochen ist. Die Gipfel ringsum wissen schon Bescheid, und auch die Gletscher tiefer unten werden es nach und nach erfahren, aus dem Eismeer ist immer wieder das Krachen zerplatzender Eisberge zu hören, manchmal sehen wir sogar, wo ein Stück abgebrochen ist und auf einem Felsbuckel zerstiebt. Wir machen eine kleine Rast, und kaum haben wir uns hingesetzt, um etwas Brot und Käse zu essen, landen neben uns zwei Bergdohlen und schauen uns, die Köpfe schräg geneigt, erwartungsvoll an. Ich bin gerührt, daß sie uns in dieser unwirtlichen Höhe begleiten und glaube, ich würde ihnen auch noch eine Krume zuwerfen, wenn ich schon am Verhungern wäre.

Nach fast fünf Stunden haben wir den Gipfel erreicht, sehen auch in die Ausstiegsrinnen der Eigernordwand hinunter, mit Schaudern ich, mit Wohlgefühl mein Bergführer, der die Wand schon zweimal durchstiegen hat, im Sommer und im Winter. Viel Boden gibt es nicht auf dem Kulissengipfel, einige Biwakplätze sind mit aufgeschichteten Steinmäuerchen hergerichtet worden, eine Gruppe von drei Bergsteigern ist gestern Abend um acht Uhr von der Hütte zur Tour aufgebrochen und hat den ganzen Grat beim Mondlicht überstiegen, offensichtlich haben die drei hier oben geschlafen. Wer auf dem Gipfel ist, gratuliert sich händeschüttelnd, für Frauen gibt es Küsse, hinter uns kommt ein Tiroler Bergführer mit einer Frau als Gast, wir saßen gestern beim Nachtessen neben den beiden, und ich zucke etwas zusammen, als er seinen Hän-

dedruck mit den Worten »Berg Heil!« unter-
streicht.

Wir lassen uns knapp unterhalb des Gipfels
nieder, trinken und essen etwas und blicken in
die Tiefe, auf die Kleine Scheidegg hinunter, auf
welche der Eiger ein gewaltiges Schattendreieck
wirft, ein Zug von Wengen fährt wie eine Mo-
delleisenbahn in die Höhe. Ringsum in der Nähe
und der Weite andere Gipfel, man raunt sich die
Namen zu wie die von berühmten Schauspie-
lern, denen man plötzlich selbst begegnet, siehst
du dort drüben den Montblanc, oh, schau mal,
das ist doch das Lauteraarhorn, und dort hinten
die ägyptische Firnpyramide, das Weißhorn,
einer meiner Traumberge.

Aus Erfahrung weiß ich, daß eine Tour mit dem
Erreichen des Gipfels nicht beendet ist, es kann
ohne weiteres sein, daß der Abstieg beschwerlicher wird als der Aufstieg. Die meisten steigen
über die Westflanke, eine steile und ungemüt-
liche Schutthalde, auf die Kleine Scheidegg ab,
wir begeben uns auf die hintere Gratrippe, welche zu den Eigerjöchern hinunterführt. Schon
bald kommen wir zu einer Abseilstelle, der Bergführer trifft alle erforderlichen Sicherungsvorbe-
reitungen, ordnet mit lockerer Hand Knoten,
Schlingen und Karabiner wie ein Seemann und
schickt uns dann ins Leere hinunter, die Beine
sollen wir an den Fels stemmen und getrost in

sozusagen horizontaler Lage hinunterlaufen, wie eine Fliege an der Stubenwand. Ich bin froh, daß die Frau des Bergführers zuerst geht, sie ist, sage ich mir, die Mutter der Wunderblumentochter, und ich wandere horizontal einen leichten Überhang hinunter, bis ich auf einem kleinen Absatz bin, auf dem auch schon die Frau des Bergführers steht, die selbstverständlich mehr ist als einfach die Frau des Bergführers, nämlich Lehrerin.

Auf dem ersten Eigerjoch angekommen, bestätigt sich meine Befürchtung, die ich schon beim Blick vom Eigergipfel hegte, nämlich daß es nun einen nächsten Grat zu übersteigen gilt, der nicht weniger schroff aussieht als derjenige von heute morgen, er hält zum Beispiel eine Stelle für mich bereit, wo ich von einer Felswand über eine Spalte die nächste Felswand erreichen muß, die nur einen einzigen sichtbaren kleinen Tritt für meinen Fuß hat, an der Kante über dem Nichts, und von diesem Tritt muß man sich hinter die Kante schwindeln und dann wieder zum Grat hochziehen. Ich rufe meinem Bergführer, der hinter der Kante nach oben verschwunden ist, die überflüssige Frage zu, ob ich gut gesichert sei, freundlicherweise nimmt er sie ernst und bejaht, doppelt habe er mich gesichert, was immer das heißt, und seine Frau hinter mir ergänzt, auch sie habe mich gesichert, und falls ich falle, hänge ich wie an einer Wäscheleine. Gleichermaßen beruhigt und angeekelt vom Gedanken, wie ein Waschlappen an einer Leine zu baumeln, wage ich den Schritt und bin überrascht, wie einfach er ist, wenn man dran glaubt, daß man ihn machen kann.

Beim nächsten Rastplatz stinkt es so, daß wir etwas weiterrücken, es gelingt doch nicht allen, ihrem Entleerungsdrang bis zuletzt zu widerstehen. Es wird nun immer heißer, ein erschreckend abgründiges Firnfeld, das es zu traversieren gilt, verlangt den Gebrauch der Steigeisen, deren Anschnallen für jemanden, der das nicht täglich macht, mühsam und qualvoll ist, welcher Riemen kommt durch welchen Ring, soll man ihn zuerst quer über den Schuh oder zur Spitze des Schuhs ziehen, oh, die Ferse steht nicht ganz drin, alles nochmals abnehmen und von vorn anfangen, und die Schnalle muß außen am Schuh sein, damit man sich beim Gehen nicht verheddert, aber dann tritt man so selbstbewußt auf den Firn, als hätte man Krallen an den Füßen. Die Kundin des Tiroler Bergführers läßt sich die Eisen von Anfang an von ihm anziehen, der wie ein treuer Diener vor ihr kniet, »Full service!« sagt sie strahlend zu mir.

Endlich ist das zweite Eigerjoch erreicht, mein Bergführer schlägt dem Tiroler Kollegen vor, unsere Seilschaften für den bevorstehenden Gang über den Gletscher zusammenzuhängen, da eine Fünfergruppe für eine Gletscherspalte schwerer zu schlucken ist als eine Zweiergruppe. Dann betreten wir den Gletscher, der den Anfang einer unendlichen weißen Fläche bildet, die schlicht »Ewigschneefeld« genannt wird. Vor uns auf einem Buckel eine Reihe von bizarren Schneetürmen am Ende eines Gletscherabbruchs, einer stürzt vor unsern Augen lautlos in sich zusammen, ein Opfer der Sonne, die triumphierend ihre Strahlen vom Himmelszenit verschießt. So zügig wie möglich überqueren wir den Schrund, ein großer Schritt wird verlangt, ein Sprung eher, wir leisten ihn alle und gehen dann rasch aus dem möglichen Sturzfeld des Abbruchs weg, ich denke an den Vers von Uhland, den ich einmal in der Stuttgarter Straßenbahn gelesen habe:

O, brich nicht, Steg! du zitterst sehr.
O, stürz nicht, Fels, du dräuest schwer.
Welt, geh nicht unter, Himmel, fall nicht ein,
Eh ich mag bei der Liebsten sein!

Prosaischer spricht man bei solchen Stellen von objektiven Gefahren, welche drohen, und ich bin froh, daß es bei der Drohung geblieben ist.

Für den Schlußaufstieg durch die gleißende Nachmittagssonne muß ich meine physischen und psychischen Reserven hervorholen, die beide schon fast aufgebraucht sind, und als wir nach insgesamt elf Stunden auf der Mönchsjochhütte eintreffen, eröffne ich meinem Bergführer, daß ich kaum glaube, den Mönch morgen über den schwierigeren Westgrat besteigen zu wollen, und die Normalroute sei doch bestimmt auch schön.

Seine Frau verabschiedet sich nun, um zu ihren Wunderblumenkindern zurückzugehen, ich lege meine nassen Schuhe, Gamaschen und Socken in die Sonne, gehe mich dann sofort hinlegen und verfalle in einen anderthalbstündigen Dämmerschlaf. Nachher desinfiziere und pflastere ich meine kleinen Wunden, die ich vom Klettern an beiden Händen habe, und mache alle meine Sachen bereit, als ob es morgen so weiterginge.

Auch diese Hütte, bedeutend größer als diejenige auf dem Grat, ist überfüllt, alle wollen bei diesem Augustwetter auf die Berggipfel, abends nach dem Essen darf ich mich mit meinem Bergführer an den Führertisch in der Küche setzen, wo es etwas ruhiger ist. Von einem der Kollegen, die hier sitzen, hat er mit Respekt erzählt, es ist derjenige, der eine Route durch die Eigersüdwand eröffnet hat, ich kann mir, nachdem ich sie von unten und oben gesehen habe, kaum vorstellen, daß sie zu durchsteigen ist, aber die Legende mir gegenüber lächelt, als ich sage, die Wand sehe recht gäch aus, und sagt, dafür habe sie unten Auslauf. So untertreiben sie, die Könner. Dann kommt die Rede auf die Veränderungen in den Bergen, die er beängstigend findet, die ständig fortschreitende Ausaperung macht ihm Sorgen. Direkt neben dem Publikumsausgang auf dem Jungfraujoch hat sich diesen Sommer der Gletscherschrund aufgetan, eine Pistenmaschine schiebt seither immer wieder Schnee hinein, um die riesige Spalte ungeschehen zu machen, aber niemand weiß, wie lange man den jetzigen Stollenausgang überhaupt noch benutzen kann.

Als wir am nächsten Morgen im verbleichenden Mondlicht an der Stelle stehen, wo die Normalroute von der Spur zum Westgrat abzweigt, fragt mich mein Bergführer, was ich nun lieber wolle, den gewöhnlichen Aufstieg oder die viel interessantere Überquerung des Westgrates. Ich schaue in den berückend schönen Sternenhimmel und sehe einen Kometen fallen. »Zum Westgrat«, sage ich.

Mit größerer Gelassenheit als gestern steige ich hinter ihm her, der »bösen Platte«, die er mir als schwierig geschildert hat, spreche ich gut zu, sage ihr, daß ich sicher sei, daß sie eigentlich gern eine liebe Platte wäre, und das ist sie denn auch, wenigstens mit mir.

In der Scharte schließlich, aus der man zum Gipfelfirn aussteigt, ist eine Gedenktafel für einen

Bergführer angebracht, der hier vor acht Jahren mit seinem Bruder abgestürzt ist, ich bringe es nicht fertig, die Tafel nicht zu lesen, stelle aber meinem Bergführer keine Fragen. Wir ziehen die Steigeisen an, und beim anschließenden Anstieg über den Gipfelfirn halte ich meine linke Hand mit dem dicken Handschuh wie eine Scheuklappe neben mein Gesicht, damit ich den schwer erträglichen Abgrund nicht sehe, der offenbar sogar Bergführern zum Verhängnis werden kann. Dann der schönste Moment, das Erreichen des sanften Firns, der zum Gipfel führt, wir sind ganz allein, es ist ganz ruhig, wir sind ganz hoch oben, und ganz langsam steigen wir zum Gipfel. Als er kürzlich neu vermessen wurde, stellte man erstaunt fest, daß er fast um 10 Meter gewachsen ist, was aber offenbar nur mit einem Fehler bei der letzten Messung zu tun hat und mit der Schwierigkeit, sich mit einer Schneekuppe über ihre genaue Höhe zu verständigen.

Vier Wiener, die über die Normalroute auf dem Gipfel eintreffen, möchten sofort ein Gipfelfoto von ihrer ganzen Gruppe, jeder mit seinem eigenen Apparat, was uns einiges zu tun gibt. Wir rächen uns dann mit der Bitte um ein Gipfelfoto von uns zweien.

Der Abstieg ist heikler, als ich mir vorgestellt hatte, der Mönch wird meistens als leichter Viertausender beschrieben, aber der Pfad über den Gipfelfirn ist bestürzend schmal, und die Wächten, die sich schon von ihm zu lösen beginnen, können jeden Moment abbrechen. Viele Seilschaften befinden sich noch auf dem Aufstieg, obwohl es schon gegen Mittag geht, auch Einzelgänger sind darunter, ich hoffe, daß niemandem etwas passiert, manche sehen nicht besonders trittsicher aus.

Erst als wir auf dem breiten Pfad zur Jungfraujochstation gehen, fragt mich mein Bergführer, ob ich die Tafel oben gesehen habe. Er hat die beiden Brüder gut gekannt, und niemand weiß, was genau geschehen war, er nimmt an, da es im November passierte und ein enormer Wind ging, es hätte die beiden einfach »usegchuttet«, vom Grat geweht. Der Bergführer, der gestern mit dem Bubentraumgast auf den Eiger ging, war der dritte Bruder der beiden.

Da stehen sie alle im Sonnenlicht, diese Gipfel, und wecken etwas in uns, das wir nicht verstehen, den Wunsch, dort hinaufzugehen, wohin es keinen Grund zu gehen gibt, und wir hoffen alle, daß wir wieder zurückkommen, und nur ab und zu bestrafen die Berge diesen Wunsch, lassen einen Stein fallen, geben einem Tritt nach oder stoßen einen Windhauch aus und lassen das Stück tragisch enden. Letzte Woche sind am Mönch zwei junge Menschen zu Tode gestürzt, vor vier Tagen zwei am Aletschhorn, eine davon, wie ich auf der Heimfahrt in der Zeitung lese, eine bekannte Wirtin aus Bern, erfahrene Berggängerin und in meinem Alter, und vorgestern sind auf den weißglänzenden Rockfalten der Jungfrau zwei Menschen tausend Meter in die Tiefe gefallen.

Ich aber, ich habe an beiden Tagen zum Gipfel meines großen Traumberges hinübergeschaut, an den ich mich bis jetzt nicht wagte, und habe meinen Bergführer, mit dem ich in vierzehn Tagen nochmals abgemacht habe, gefragt, ob wir es als nächstes mit dem Weißhorn versuchen wollen.

WIND

Während eines Herbststurms in Berlin wurde einem älteren Mann, als er auf dem Gehsteig auf eine Kreuzung zuschritt, die Mütze vom Kopfe gerissen, rollte auf die Mitte dieser Kreuzung, einer gewaltigen Kreuzung, zwischen dem Messegelände, dem S-Bahnhof Witzleben und dem Sender Freies Berlin, und blieb genau vor einer Reihe von Autos liegen, welche auf vier Spuren nebeneinander mit laufenden Motoren auf ihr Grünlicht warteten. Der Mann hatte seine Mütze schon mit einer wegwerfenden Handbewegung aufgegeben, da nicht abzusehen war, wohin der heftige Wind sie noch treiben würde, und sah nun erstaunt, daß sie doch in erreichbarer Distanz zur Ruhe gekommen war, versicherte sich, nach allen Seiten blickend, ob von nirgendwoher Autos über die Straße geschossen kamen, aber es war ein Moment, in dem sämtliche Kolonnen in Lauerstellung an den Ampeln warteten, also rannte er in einem raschen Entschluß auf die Straße hinaus, seiner Mütze entgegen. In diesem Augenblick schaltete eine Ampel auf Grün, und die Autos, die in einer Viererreihe knurrend vor der Mütze standen, fuhren nun nicht los, sondern setzten sich nur ganz langsam, geradezu zärtlich in Bewegung, dem Mann dergestalt zu verstehen gebend, daß sie ihn und sein Mützenmalheur wohl gesehen hatten, und der Mann seinerseits, als er das bemerkte, beschleunigte seinen Gang, bückte sich in der Mitte der Kreuzung nach seiner Mütze, hob sie auf und schwang sie den wartenden Autofahrern fröhlich und dankend zum Gruße zu, worauf sich hinter den Scheiben Hände erhoben und ihm zurückwinkten, bleckende Zahnreihen lachten ihm zu, und es drang eine Heiterkeit durch die Gehäuse der Wagen auf die Straße hinaus, eine Heiterkeit in einer Welt voll Unlösbarem, über ein winziges Problem, das an diesem Tag zu dieser Stunde gelöst werden konnte durch ein wenig Freundlichkeit einem älteren Mann gegenüber, der sonst hätte zusehen müssen, wie seine Kopfbedeckung durch Reifen plattgedrückt oder weggeschleift oder zerfetzt worden wäre, und auch der ältere Mann ging, nachdem er sich schnell wieder auf den Gehsteig gerettet hatte, durchaus beschwingt und ermutigt für den weiteren Verlauf des Tages über die Brücke auf den S-Bahnhof Witzleben zu, und ich kann dies mit umso stärkerer Gewißheit sagen, als es sich beim älteren Mann um mich selbst handelte.

KOSOVO JA

Die Ureinwohner unserer Bahnhöfe sind die Ausländer.

Je verlassener die Orte sind, desto sicherer triffst du auf dem Bahnhof die Ausländer, die im Geruch der Schienen und Schnellzüge eine wenn auch noch so dünne Verbindung zum Land wittern, aus dem sie kommen und in dem sie lieber wären, hätte sie nicht eine machtvolle und unerbittliche Hand gepackt und ausgerechnet hier fallen gelassen, in Flüelen zum Beispiel, wo ich, nachdem ich Schulkinder im tief verschneiten Schächental besucht habe, im Wartesaal sitze, bis der Zug nach Zürich fährt.

Während ich in meiner Tasche ein Buch für die Fahrt suche, von dem ich sicher bin, daß ich es bei mir habe, meldet sich von der Tür her ein dünnes Stimmchen, mit einem Gruß in der Ursprache, nicht »Hallo«, nicht »Hoi« noch »Salü«, sondern eine Art Präsenzvokal, der bedeutet, da bin ich, bist du auch da?

Ich will nicht hinhören, und erst nach einer Weile, als ich mein Buch nicht gefunden habe, merke ich, daß neben mir ein Bub sitzt, klein ist er, dünn ist er, bleich ist er, und als ihn mein Blick trifft, wiederholt er seinen Begrüßungsvokal.

Auf welchen Zug er warte, frage ich ihn auf schweizerdeutsch, worauf er sofort ein Sätzlein hervorzieht, das er immer griffbereit in der Tasche hat: »Nicht verstehen.«

Ich schaue ihn an und verstehe sofort, daß er nicht versteht.

»Bosnia?« frage ich.

Er schüttelt den Kopf.

»Kosovo?«

Er nickt heftig und sagt: »Kosovo ja.«

»Miredita«, sage ich.

Kürzlich habe ich mir aus Ratlosigkeit über die vielen Albaner in unserm Land ein Albanisch-Lehrbuch gekauft, und das ist das einzige Wort, das ich mir bisher merken konnte. Es heißt »Guten Tag«.

Der Kleine lächelt und fragt hoffnungsvoll: »Albanisch?«

Ich schüttle den Kopf, und unser Gespräch ist vorläufig beendet. Er blickt mich aber an wie ein Zuschauer in der ersten Reihe. Die Vorstellung hat doch eben erst begonnen.

»Ist deine Mutter auch da?« frage ich.

»Mutter ja«, sagt er.

»Dein Vater?«

»Vater ja.«

»Was heißt Mutter auf albanisch?« will ich wissen. Vor mir sitzt schließlich ein lebendiges Lehrbuch.

Aber das ist zuviel verlangt.

»Mutter nein«, sagt er kleinlaut.

Dem jetzt drohenden Kontaktzerfall beugt der Kleine vor, indem er mich am Mantel zupft und verschmitzt sagt: »Mantel.«

Ich bestätige diese Einsicht, zupfe ihn meinerseits an der Jacke und sage: »Jacke«, und an der Art, wie er das Wort wiederholt, merke ich, daß er es schon kennt.

Ich zeige auf meine Schuhe, und er nennt sie »Schuhe«, und dann mache ich nochmals einen Versuch und frage: »Schuhe – albanisch?«, und diesmal hat er begriffen, was ich will und sagt: »Kepuce.« Ich spreche das Wort nach, und er ist zufrieden mit mir.

Die Wand ist mit einem Fresko von Ulrich Danioth geschmückt, »Föhnwache«.

Drei grimmige Männer mit Feuerwehrutensilien stehen am Seeufer und blicken auf zwei leichtgewandete Frauenfiguren in tänzerischer Pose, die sich offenbar auf ihren Schutz verlassen, falls der Föhn hereinbrechen sollte.

Wir schauen beide auf das Bild, das ich laut »Bild« nenne, worauf er es auch »Bild« nennt. Damit ist es für uns erledigt. Ich suche ein einfacheres Gesprächsthema. Warum nicht noch etwas albanisch lernen, jetzt, wo ich schon weiß, wie die Schuhe heißen?

»Mutter – albanisch?« frage ich nochmals.

Er wehrt wieder ab. »Mutter nein.« Das hat er mir doch schon erklärt.

Ich gebe nicht nach. »Vater – albanisch?«

»Vater nein.«

Dann halt nicht. »Wie heißt du? Dein Name?«

Er strahlt. »Martin.«

Dann zeigt er auf mich. »Du?«

»Franz«, sage ich.

Dann stehe ich auf und sage: »Mein Zug kommt.«

Er ist enttäuscht. Jetzt, wo wir unsere Namen kennen und schon fast Freunde sind, gehe ich weg und lasse ihn in Flüelen sitzen, bei Mutter nein und Vater nein.

Ich hole mir eine Zeitung am Kiosk und gehe auf mein Perron.

Als ich in den Zug steige, sehe ich den Kleinen vor dem Kiosk stehen. Er winkt mir, als der Zug abfährt, und ich winke zurück.

Ich kenne sonst niemanden in Flüelen.

Niemanden – außer Martin.

DA IST ER

Monatelang hat man ihn herbeigesehnt in den Ferienorten, hat ihn eigentlich schon fast aufgegeben und ihn wieder wie jedes Jahr durch künstliche Beschneiung erzeugt, damit sich wenigstens ein weißes, wenn auch noch so hartes Pistenband durch das Segantinibraun der Grasnarben zog. Wir haben uns an den Gedanken bereits gewöhnt, daß wir von nun an mit geklonten Wintern leben müssen, gegen die sich angesichts der wirtschaftlichen Misère nicht einmal mehr die Grünen zu wehren wagen, und nun ist er unvermutet zurückgekommen, der Vermißte, der Vergessene, der Totgeglaubte, und wo er durchgeht, kracht und donnert und stäubt es, und die Menschen ziehen die Köpfe ein.

Eben noch ein willkommener Heimkehrer, fragen sich nun alle, was er in seiner langen Abwesenheit für Sitten gelernt hat, wo war er, an einer Retraite in Sibirien, oder kriegsgefangen an der Klimafront?

Anfänglich hielt man ihn noch für den alten. Der Wirt, der in Wengen mit seiner Frau im Schlaf begraben wurde, war selbst Mitglied des Rettungsdienstes, ein erfahrener Bergführer, der schon viele Menschen aus dem Schnee ausgegraben hat, und er entschied sich in der verhängnisvollen Nacht für's Bleiben, er glaubte den Heimkehrer zu kennen.

Aber der hat nichts mehr gemein mit dem Winter aus den letzten Jahren. Nicht einmal mit dem aus den letzten Jahrzehnten, eher mit dem aus dem letzten Jahrhundert. Wenn er mit seiner Geißel über die Gräte knallt, beginnt dort oben ein Volk zu tanzen, das sich nur selten zeigt, aber wir wissen, wie sie heißen, die Lawinen, sie tragen Namen wie aus fernen Alpensagen und fallen doch über unsere heutigen Straßen her, über unsere Autobahnen, über unsere Strommasten, unsere Fahrleitungen, unsere Eisenbahnschienen, unsere Hütten, Ställe, Häuser und Chalets, die Chüebodenlaui, die Meißenbodenlaui, die Britterenlaui, die Stellilaui, die Breitlaui, die Bristlaui, die Rohrbachlaui, die Limibachlaui, die Ribitallaui, die Urschilaui, die Bolanera, die Londadusa.

Und es gefällt ihnen, nach der alten, schrillen Melodie des Totgeglaubten von den Alpweiden herunterzufahren und dabei Wege zu nehmen, die sie noch nie genommen haben, und ganze Talböden so gründlich zuzudecken, daß nicht so bald jemand anders auf diesen Böden hocken bleiben wird, und so wie es für die Skifahrer der volle Genuß ist, bis ganz hinunter ins Tal zu fahren, so fahren auch sie so weit hinunter wie es geht, bis in den Brienzersee womöglich, oder sie bleiben knapp oberhalb von Brig stehen, ächzend und knirschend, schieben noch ihre Wülste über die Ablenkungsmauern und schauen lüstern auf all die Wohnblöcke, Kirchen und Paläste hinunter, die so schön knirschen würden unter ihrem Gewicht.

Und derweil machen unten die Hüter unserer Straßen, Autobahnen, Strommasten, Fahrleitungen, Eisenbahnschienen, Hütten, Ställe, Häuser, Chalets und Menschen mobil, sie bilden Krisenstäbe und sprechen mit besorgten Gesichtern in die Fernsehkameras, sie brauchen Ausdrücke wie »noch nie« und »Teilentladung« und »nicht auszuschließen«, und einer hat einer Laui bescheinigt, sie hätte sich genau an die Lawinenkarte gehalten, und auch hier bringt der Winter die alten Zeiten wieder mit, denn die Schützer und Retter sind alles Männer, und die Frauen sind die Beschützten und Geretteten, oder sie werden als die Sich-Fürchtenden gezeigt, die sagen dürfen, letzte Nacht hätten sie also schon Angst gehabt.

Wenn ich mit Abgeschnittenen telefoniere, die ich kenne, um zu fragen, wie es ihnen geht, in Elm zum Beispiel oder im Berner Oberland, dann erinnere ich mich wieder an Telefongespräche nach Sarajewo, zu Menschen, die irgendeiner unberechenbaren Macht ausgesetzt sind, die man im Hintergrund grollen hört und von der sie nicht wissen, in welcher Form sie zuschlägt.

Und die höchsten je gemessenen Schneemassen ziehen auch die höchsten je gemessenen Zuschauermassen nach sich. Noch nie, konnten wir kürzlich unsern Nachrichtensprecher mit sichtlicher Genugtuung sagen sehen, hätten soviele Menschen die »Tagesschau« gesehen wie am Abend des ersten gewaltigen Schneefalls, über anderthalb Millionen, und während wir am Juranord- und -südfuß in den geheizten Wohnzimmern vor den Fernsehapparaten sitzen, um mit offenem Mund zu sehen, wie Suchtrupps mit leeren Bahren von Schuttkegeln zurückkommen, wie sich auf dem Brienzersee ein Lawinenschiff durch die Wellen kämpft, wie die Gotthardautobahn und die Gotthardeisenbahn gesperrt werden und wie der San Bernardino vergeblich gesalzen wird, füllen sich unsere Keller langsam mit dem Schmelz- und Regenwasser, das sich unsere Mittellandböden zu schlucken weigern.

Zwei Büsche

Im Sommer kam der Gärtner und sägte im Auftrag des Kantons unsern großen Cotoneasterbusch um, da dieser, wie uns auf einem Informationsblatt mitgeteilt wurde, den Gitterrost auf die Obstbäume weiterverbreite.

Erst als er am Boden lag, merkten wir, wie sehr er mit dem alten Fliederbusch verwachsen gewesen war, von dessen ganz im Efeu verborgenem Stamm die Äste nun nackt und viel zu lang abstanden und hilfesuchend im Wind ruderten, wenn es stürmte.

Im Winter dann, beim ersten großen Schnee, stürzte der Flieder um.

Die Bruchstelle verriet: Er war so morsch gewesen, daß er schon längst zusammengebrochen wäre, hätte ihn der Cotoneaster in seinen letzten Jahren nicht sanft umarmt.

EIN DOPPELLEBEN

Ich führe – und es ist vielleicht langsam an der Zeit, das allen, die mich zu kennen glauben, einzugestehen – ich führe ein Doppelleben.

Tagsüber lebe ich wie die meisten andern auch, ich rasiere mich, ich trinke Kaffee, esse Vollkornbrot mit Margarine und selbergemachter Erdbeerkonfitüre, hole die Post aus dem Briefkasten, dem Faxgerät und vom Bildschirm, telefoniere vernünftig mit meinen Geschäftspartnern, meinen Freunden und Verwandten, schlecke Briefmarken ab, verschnüre alte Zeitungen, stelle bis zum äußersten gefüllte Abfallsäcke vor das Haus, kaufe Dinge ein, die ich mir aufgeschrieben habe, lasse meinen aufgespannten nassen Schirm im Treppenhaus zum Trocknen, hänge meinen Mantel an der Garderobe auf, höre, während ich mir ein leichtes Mittagsmahl zubereite, am Radio das Gespräch mit dem Meteorologen über die vermutete Wetterentwicklung der nächsten Tage und anschließend die Nachrichten und die neusten Berichte aus den Krisengebieten, öffne die Haustüre, wenn die Monteure läuten, um die Durchlauferhitzer, Kochherde, Dampfabzüge und Fernsehapparate zu reparieren, bezahle die Rechnungen, die sie mir anschließend schicken, innert der vorgesehenen

30 Tage, hole ertrunkene Amseln aus dem Brunnen im Garten und verscharre sie bei der Thujahecke.

Nachts aber, wenn die normalen Mitbürger ihre Tür zweimal verschlossen und die Rolläden ihrer Wohnungen heruntergelassen haben, nachts verwandle ich mich in einen umgetriebenen, vollkommen vernunftlosen Menschen, der immer neue, exquisite Abenteuer und atemberaubende Situationen suchen muß, um seine rätselhafte seelische Gier zufrieden zu stellen, ich rase, in einem Cembalo sitzend, das zu einer Seifenkiste umgebaut ist, kopfsteingepflasterte Bergstraßen hinunter, ich springe auf langsam rollende Militärzüge auf, die, kaum bin ich drin, immer schneller fahren und mich erst wieder in einem Bergdorf entlassen, dessen sämtliche Gebäude von Lawinen schief gedrückt sind, ich stürze mich in Flüsse, die donnernd und tosend von Tunnels verschluckt werden, ohne zu wissen, ob und wie ich das Ende des Tunnels erreichen werde, ich schwimme in Event-Parks unter Wasser und werde von Fischen für ihresgleichen gehalten und um Auskunft angegangen, »C'est la Dordogne ou la Bourgogne?« fragte mich kürzlich ein Karpfen, dabei war ich überzeugt, daß ich durch Österreich schwämme, ich treibe für Filmaufnahmen auf Eisschollen in der Antarktis, bis ich fast erfriere, ich werde wegen meiner Ta-

ten, über die ich den Überblick verloren habe,
vor Gericht gestellt und zu mehreren Jahren Haft
verurteilt, entkomme mit Tricks, die ich tagsüber
nie anzuwenden wagte, aus dem Gefängnis,
verstecke mich an unwürdigen Orten, vergreife
mich an Frauen, die mich mit laszivem Lachen
gewähren lassen, denn auch sie leben ihr zweites Leben, das nichts mit ihren Kindern, ihren
Arbeitskitteln und Einkaufskörben gemein hat,
und sie sind ebenso unberechenbar wie ich,
zwei von ihnen haben sich einmal als meine
Henkerinnen entpuppt, ihr teilnahmsloses Lächeln macht mich noch heute schaudern, und
trotzdem suche ich immer wieder derartige Situationen, gerate überraschend in Kriege, finde
mich auf Flugplätzen wieder, welche bombar-
diert werden, muß mich zu Boden werfen, weil
ringsum Granaten explodieren, werde von alten Schulfreunden mit Messern angegriffen, ein
Bergführer lädt mich in einen Bus ein, der die Eigernordwand hinunterfahren wird, und gleich
darauf muß ich Särge herumtragen, aus denen
Fleischstümpfe ragen, mache nachher Fernseh-
aufnahmen, bei denen ich vollkommen nackt
bin und statt mit Schminke mit Schlamm einge-
schmiert werde, ich bin oft nackt nachts, habe
manchmal noch Turnschuhe an oder trage einen
Rucksack, stürze öfters in Abgründe und kann
auf seltsame Weise der Schwerkraft widerste-

hen, bin auch schon richtiggehend geflogen, habe schon Dutzende von Flugzeugabstürzen überlebt, bin vor riesigen Schlangen geflohen, habe Löwen und Leguane gefüttert, bin in einem Faltboot zu einer Weltumpaddlung aufgebrochen und gleich zu Beginn gekentert, ich kann zugleich alles und nichts, ich packe die tollkühnsten Unternehmungen an und scheitere an den einfachsten Dingen, so bin ich imstande, Milch in einem Dampfkochtopf zu erhitzen, bis sie zu einer braunen Kruste wird, es ist mir grundsätzlich nicht zu trauen, nicht einmal die Töchter meiner Freunde sind vor mir sicher, mit einer von ihnen habe ich letzthin einen Banküberfall begangen, ebenso kaltblütig wie erfolgreich, und in der Frühe, wenn die normalen Mitbürger nach dem Rasseln oder Piepsen ihrer Wecker pflichteifrig und morgengeil unter die Dusche rennen, bleibe ich liegen, räkle mich mit halbgeschlossenen Augen und denke noch lächelnd darüber nach, aus welchem brennenden Haus ich heute Nacht entkommen bin, und ob ich etwa selbst der Brandstifter war.

Dann stehe ich auf, gehe auf die Toilette, gurgle mit Mundwasser und mache dreimal hintereinander eine Yoga-Übung, die Sonnenbegrüßung, bevor ich mir in der Küche den Morgenkaffee aufsetze.

Das erste Programm

In meinem Fensterrahmen ist eine Wiese zu sehen, hinter der Wiese ein großer, grüner, baum-
loser, von Felsen durchsetzter Hügel, und oben
schaut hinter dem Hügel ein dreieckiger kleiner
Bergspitz hervor. Am Sockel des Hügels fließt
ein Bach. Das Sand- und Geröllfeld, welches
sich zwischen ihm und der Wiese breitmacht,
zeigt an, daß der Bach zum Fluß werden kann,
wenn ihm danach zumute ist. Eine kleine
Brücke verbindet die beiden Ufer, ein Viehpfad
führt ein Stück weit den Hügel hinan, verliert
sich aber bald.

Das ist das Bühnenbild des ersten Programms.

Und die Handlung?

Ein feiner Regen setzt ein und schraffiert den
Hügel. Eine Schwalbe fliegt über den bedeckten
Himmel. Gegen die Bergspitze hinauf wird dünnes Gewölk getrieben, als ob der Hügel dampf-
en würde.

Doch nun tut sich Entscheidendes.

Von links tritt, mit einer Glocke am Hals, eine
Kuh auf, gefolgt von einer zweiten. Eine dritte
erscheint, als Toneffekt ist das Geläute der Kuh-
glocken zu hören, und aus dem Off erklingen
die Rufe der Hirtinnen, die wenig später mit der
ganzen kleinen Herde vom Fensterrahmen er-

faßt werden. Die eine der beiden Frauen trägt einen langen grünen Regenschutz, die andere eine rote Windjacke und einen spitzen Filzhut.

Würdevoll trotten die Kühe durch das Sand- und Geröllbett. Will aber eine ausscheren, und sei es noch so gemächlich, um etwas Gras zu fressen, wird sie von einer der Frauen mit einem langen Haselstock zurechtgewiesen. Die Kühe kennen den Weg zum Stall, ein Ziel, mit dem sie durchaus einverstanden sind, die Euter zwischen ihren Hinterbeinen sind so dick, daß sie ihnen beim Gehen fast hinderlich werden. Ein Kalb, das der Herde als Nachzügler folgt, macht ab und zu einen launigen Sprung.

Alle gehen nach rechts ab, und nachdem sie verschwunden sind, werden die Glocken und die Treibrufe langsam ausgeblendet.

Und dann, wie geht es weiter?

Eine Zimmermannsfliege mit großen Flügeln und langen, schlaffen Beinen schwirrt vorbei.

Ein leichter Wind erhebt sich und bewegt die Spitzen der Gräser.

Ein Wesen, halb Falter, halb Insekt, steigt aus der Wiese in die Höhe und versinkt dann wieder.

Oben auf dem Hügel erscheinen kleine Rinder. Niemand treibt sie in den Stall, sie werden die Nacht in der Höhe verbringen, am Fuß der Bergspitze, welche nun von einer großen, schnel-

len Wolke ausradiert wird. Wie winzige Scheren-
schnitte bleiben die Rinder vor der Wolke stehen, bis diese ihr Weiß auch über sie ausgießt
und sie verloren gehen.

Die Handlung ist zu Ende. Es bleibt das unglaubliche stille Grün des Hügels und der Wiese.

Das ist das erste Programm.

Ich betrachte es mit Spannung.

Ich brauche kein zweites.

Ein Weltuntergang

Der Gipfel des Weißhorns ist über 4500 Meter hoch, und er ist so klein, daß kaum mehr als die zwei Deutschen und mein Bergführer und ich Platz finden, um uns darauf niederzulassen. Wer zurücktritt, um ein Gipfelfoto zu machen, muß aufpassen, wo er sich hinstellt, es geht überall nur hinunter. Ein großes Kreuz ist im Fels verankert, daran hängt ein echter Jesus, aus rostfreiem Eisen, und er tut mir leid, wenn ich daran denke, wie er hier lange Nächte durchfriert, von Gott und den Menschen verlassen. Mein Bergführer hat gleich nach unserer Ankunft das Seil um einen Balken des Gipfelkreuzes geschlungen, um uns zu sichern – so werden wir, während wir hier sind, durch Jesus gehalten.

Der Berg, auf dem wir stehen, ist eine Insel inmitten eines gewaltigen Wolkenmeers, aus dem immer wieder die Gischt zu uns heraufbrandet und die Sonne verschleiert. Einige wenige andere Inseln sind zu sehen, die Dent d'Hérence und das Matterhorn, auch sie umspült von den Wolkenwogen, die oft so hoch geschleudert werden, daß sie die Gipfel verdecken, und in der Ferne treibt wie ein Eisberg der Montblanc. Mitten im Meer erstreckt sich, als zeige es eine Untiefe an, ein breites schwarzes Band, und am

Horizont türmen sich mächtige weiße Wolkenschiffe, Cumulusfrachter, die vor Anker liegen und auf ihre Entladung warten.

Wir sind um viertel nach elf Uhr angekommen. Nach dem ersten Blick in die Runde, meinem Dank an den Bergführer und dem Händedruck mit den zweien, die schon oben sind, ziehe ich ein Werbegeschenk der Firma Sunrise aus dem Rucksack, eine Spezialsonnenbrille, halte sie vor meine Gletscherbrille und blicke zur Sonne hinauf. Ich schreie auf vor Erstaunen, obwohl ich nur das sehe, worauf ich seit langem durch verschiedenste Artikel und Sendungen vorbereitet bin: der Sonne ist auf ihrer rechten Seite ein Stück herausgeschnitten worden, und zwar durch den Mond, der sich heute, einer ekliptischen Laune folgend, zwischen der Erde und der Sonne hindurchdrängt. Ich reiche die Spezialbrille herum, alle sind gleichermaßen verwundert, daß das Erwartete auch eingetroffen ist. Darauf fotografieren uns die Deutschen mit unserm Apparat, wir fotografieren sie mit ihrem Apparat, dann machen sie sich auf den Abstieg, verschwinden, indem sie sich Anweisungen zurufen, rasch in der Tiefe, und wir bleiben allein zurück.

Eine Gipfelrast nach einem mehrstündigen Aufstieg verläuft sonst so, daß man, hin- und hergerissen zwischen Glücksgefühl und Leere, ein paar Berge zu erkennen und benennen versucht, ein bißchen Proviant zu sich nimmt und dann wieder absteigt, weil man weiß, wie lange es dauern wird und wie schwierig es werden kann.

Jetzt aber, da der Mond dieses eigenartige Spiel mit der Sonne treibt, beschließen wir, länger oben zu bleiben, als Zuschauer, denn beim Blick auf das kompakte Wolkenmeer wird uns klar, daß wir uns, im Gegensatz zu den Hunderttausenden, die sich unten den Hals bis zur Nackenstarre verrenken, ohne etwas mitzubekommen, offenbar eine Art Logenplatz verschafft haben.

Was am Himmel passiert, ist nun ganz und gar unvermeidlich und folgt der astronomischen Logik, der Mond spielt sich immer mehr in den Vordergrund und stiehlt der Sonne ihre gewohnte Form. Alle paar Minuten vergewissern wir uns beim Blick durch die Sonderbrille über den ordnungsgemäßen Verlauf dieses außerordentlichen Ereignisses, und je ordnungsgemäßer der Vorgang, desto größer unser Erstaunen. Auch was auf der Erde zu geschehen hat, wurde uns schon von den Kenntnisreichen prophezeit, und doch, wenn es wirklich eintrifft, fragen wir uns, ist das nun wirklich das Prophezeite? Ist das schwarze Wolkenband etwa der Kernschatten des Mondes, und sollte er dann nicht auf uns zurasen, statt untätig dazuliegen?

Als die Sonne etwa zur Hälfte abgedeckt ist, sage ich zu meinem Bergführer, ich hätte nicht den Eindruck, als leuchte sie weniger stark. Er setzt seine Gletscherbrille ab und schlägt mir vor, dasselbe zu tun, und siehe da, das Licht ist so stumpf geworden, daß mich selbst der sonst kaum erträgliche Blick in den Bergschnee nicht mehr blendet. Auf einmal merken wir, daß es kalt geworden ist, wir frieren an die Finger und schlagen die Hände wärmend um den Körper. Ein Wind ist aufgekommen, und es ist nicht derselbe, der diesen Morgen geblasen hat, aus dem Osten, sondern er weht aus dem Westen, von dort, wo der Mondschatten herkommt, sein Name ist Finsterniswind, und es wird nun so unwirtlich kalt, daß wir beschließen, abzusteigen, bevor der Höhepunkt des Spiels erreicht ist.

Wir verabschieden uns vom Gipfel und lassen Jesus allein zurück, wie einen Bergtoten, dem man nicht mehr helfen kann, und bewegen uns über die Firnflanke abwärts, die steil wie eine Himmelsleiter ist, ich habe die Gletscherbrille nicht wieder aufgesetzt, denn der Schnee ist nun nicht mehr weiß, sondern grau, und das Wolkenmeer ist aschfahl geworden, selbst der schwarze Streifen ist ergraut, und die Berginseln sind erblaßt, als seien sie Zeugen von etwas Schrecklichem geworden, Zeugen des Erlöschens einer großen Kraft, welche, als wir im Abstieg innehalten und noch einmal durch die Schutzbrille nach oben blicken, zu einer liegenden Sichel geworden ist, die von der Schwere des Schattens erdrückt wird.

Die Sonne als Sichel, dieses Bild ist dem Mond vorbehalten, und die Berge wissen es, sie haben es oft genug gesehen, deshalb erbleichen sie, und noch strahlt die Sichel so stark, daß man sie nicht von barem Auge anschauen kann, aber dennoch ist ihre nährende, farben- und lebenspendende Kraft gebrochen, und hätte sich nun die Sichel nicht, wie vorausgesagt, wieder vergrößert, sondern wäre einfach so auf dem Rükken liegen geblieben wie ein besiegter Ringer, dann wäre vielleicht unter dem Wolkenmeer nichts mehr von der Welt, die ich kenne, übrig geblieben, und wir zwei hätten irgendwo am Meeresufer des Weißhorns verharren müssen und wären, wenn wir unsere letzten Dörrfrüchte gegessen, unsern letzten Tee getrunken und unsere letzten Notrufe durchgegeben hätten, ohne daß ein Helikopter mit rettendem Knattern erschienen wäre, auf den untersten Sprossen der Himmelsleiter langsam zu grauen Gestalten erstarrt, aneinander geseilt, mit Steigeisen an den Füßen und Eispickeln in den Händen, ein rätselhafter Anblick dereinst, für Astronauten aus fernen Galaxien.

INHALTSVERZEICHNIS

Zur Mündung 5

Der Sterbende 13

Der Bassist 16

Der nackte Mann 20

Grüfte 23

Im Osten 27

Der Griff in den Schrank 31

Mein Heimatort 33

Kleine Auferstehungen 35

Novembermänner 36

Die Zeichnung 37

Was dort noch ist 38

Später Gast 40

Herbst 41

Dust to dust 43

Kleines Welttheater 46

Feierabend 50

Maggiatal 52

Selzach 58

Berlin, Donnerstag 60

Berlin, Freitag 62

Berlin, Sonntag 63

Versteckte Süchte 66

Die schönste Erinnerung 75

Die neue Nachbarin 77

Ordnungsliebe 78

Die Reparatur   80

Geschichtenunterricht   82

Der Tod schaut vorbei   84

Zu Berg   85

Wind   101

Kosovo ja   103

Da ist er   107

Zwei Büsche   111

Ein Doppelleben   112

Das erste Programm   116

Ein Weltuntergang   119